Die Getränke-Werkstatt

Lindy Wildsmith

Die Getränke-Werkstatt

Obstwein, Beerenlikör & Limonade selber herstellen

Fotos von Kevin Summers

Jan Thorbecke Verlag

Für Rafe

Aus dem Englischen von
Julia Walther

Alle Rechte vorbehalten

© der deutschen Ausgabe
2014 Jan Thorbecke Verlag
der Schwabenverlag AG,
Ostfildern
www.thorbecke.de

© der Originalausgabe mit dem Titel
„Artisan Drinks" 2014 erschienen bei
Jacqui Small LLP, ein Imprint von
Aurum Press Limited, 74–77 White Lion Street,
London N1 9PF

Text © Lindy Wildsmith 2014
Fotos, Design und Layout © Jacqui Small LLP 2014

Umschlaggestaltung: Finken & Bumiller, Stuttgart
Gedruckt in China
ISBN 978-3-7995-0545-1

Inhalt

EINLEITUNG

Ich kann mich noch gut daran erinnern, wie mein Vater mich als Kind mit zu seinen alten Tanten und ihren Freundinnen nahm, die weit draußen auf dem Land wohnten, wo die Grafschaften Herefordshire und Gloucestershire aufeinander treffen. Ganz verschwommen sehe ich noch ein Steincottage mit einer niedrigen Holztür vor mir, das sich zwischen Kirschbäume in den Garten schmiegt. Drinnen trat man in einen schmalen, zugigen Flur mit einer lauten Standuhr, schweren Vorhängen, dunklen Möbeln und einer Anrichte, auf der uns schon kostbare Flaschen mit selbstgemachten Getränken willkommen hießen: Löwenzahnbier für mich, Pastinakenwein für Dad.

Seit damals haben billige Fertiggetränke aus Massenproduktion den Markt überschwemmt: Teebeutel, Limonaden, zuckerhaltige Fruchtsaftgetränke, Säfte aus Konzentrat, minderwertiger Wein und 08/15-Bier, Apfelmost, der kaum einen Apfel gesehen hat, und viel zu süßer Birnenmost, doch das Pendel schwingt bereits zur anderen Seite. Wir haben gelernt, den industriegefertigten Getränken zu misstrauen, und unsere Liebe zu Produkten wiederentdeckt, die die Vergangenheit aufleben lassen. An dieser Stelle kommt der Bioerzeuger ins Spiel, der wie früher die Hofläden und Feinkostgeschäfte mit selbstgebrauten Getränken beliefert, ja sogar die Supermärkte im ganzen Land.

Doch egal mit wie viel Liebe ein Produkt nach alter Handwerkskunst auch hergestellt wird, es schmeckt nie so gut – und macht gewiss nicht so viel Freude –

wie ein hausgemachtes. Lieben Sie wie ich die verschiedenen Jahreszeiten und alles, was dazu gehört? Dann gibt es nichts Schöneres als selbst zubereiteten Tee, Sirup, Limonade, Bier, Wein und Likör – garantiert reine, mit Sorgfalt hergestellte Getränke, die so authentisch sind wie die Zutaten, aus denen sie bestehen.

Jeder noch so kleine Schritt, das zu verwerten, was wir direkt vor der Haustür finden, und Mutter Naturs Ernte zu nutzen, ist ein Schritt in die richtige Richtung. Außerdem bekommen wir dadurch wieder ein Gefühl für die Jahreszeiten und insgesamt einen wohltuenderen Lebensrhythmus. Traditionelles kulinarisches Handwerk ist Slow Food pur. Was also wäre ein besserer Zeitvertreib als eine eigene Getränke-Werkstatt?

Den Duft, das Aroma und den Geschmack zu konservieren, den die Natur uns bietet, ist nicht schwer. Es gibt ein paar Regeln und Richtlinien, doch wie bei den meisten Dingen zählt vor allem die Erfahrung: Je mehr wir uns darauf einlassen, desto mehr lernen wir. Das Schöne am Kochen ist, dass wir durch Versuch und Irrtum ein System entwickeln, das zu uns passt. Außerdem ist das Ergebnis einzigartig – genau so, wie wir es mögen.

Dieses Buch beginnt mit Rezepten für kräftigen Sirup gefolgt von Sprudelgetränken. Im Lauf der Kapitel nimmt der Alkoholgehalt zu, angefangen bei Bier und Apfel-/Birnenmost über Wein bis hin zu köstlichen Likören. Darauf folgt das Zelebrieren traditioneller und moderner Bowle- und Punschvarianten. Zum Abschluss lockt die Oase der Ruhe mit den verschiedensten Arten von Tee.

Inspiration Die Herstellung von Sirup und Saft bietet – durch die Verwendung von Obst, Blüten, Blättern und Gewürzen mit beeindruckenden Ergebnissen – jede Menge Raum für Kreativität, Innovation und Experimente, und es gibt so viele Rezepte zur Auswahl, dass man fast süchtig danach werden kann. Dasselbe gilt für die unterschiedlichen Teesorten, vor allem wenn man anfängt, Blätter, Beeren, Hagebutten, Blüten und Sa-

Es war einmal

Das Handwerk des Destillierens war bis ins frühe 20. Jahrhundert hinein den meisten Menschen im Haushalt vertraut. Deshalb wurden viele alte Familienrezepte nicht einmal aufgeschrieben, oder es gab höchstens eine Liste mit Zutaten ohne weitere Erläuterungen. Unsere Vorfahren beherrschten das Einmachen und Brauen so wie wir heute das Dosenöffnen oder Entkorken einer Flasche.

men zu sammeln und zu trocknen und damit seine eigenen Mischungen zu kreieren.

Auch die Herstellung von Wein aus Obst, Gemüse oder Blumen ist inspirierend, doch beim Wein gehört ein bisschen Glück dazu. Von den erfahrensten Amateuren bis hin zum professionellen Winzer hat jeder gute und schlechte Jahre, aber vielleicht macht gerade diese Herausforderung das Weinkeltern so attraktiv. Beim Most wiederum geht es relativ geradlinig zu, denn er besteht entweder aus Äpfeln oder aus Birnen. Aber auch dafür braucht man Wissen und Können, deshalb habe ich den bekannten englischen Cider-Hersteller Tom Oliver zu Rate gezogen und zitiert und halte mich vor allem an die alten englischen Traditionen. Die feinen internationalen Varianten sollen natürlich nicht zu kurz kommen, daher werfe ich auch einen Blick auf die französische Normandie und den Nordosten und -westen der USA. Was das Bier betrifft, beschreibe ich einfach die ersten vorsichtigen, aber garantiert erfolgreichen Schritte zum Selbstgebrauten.

Die Zubereitung von Getränken lässt einen schnell nicht mehr los, und während man immer mehr ausprobiert, wächst ruckzuck der Erfahrungsschatz. Der Aufenthalt draußen an der frischen Luft, das Nachspüren der Jahreszeiten samt Pflanzen, Früchten und Blumen, die ringsherum wachsen; der Spaß am Suchen, Finden, Sammeln und Konservieren für den Winter; die Freude, Selbstgemachtes zu verschenken, es mit Freunden und Verwandten zu teilen, und der einfache, gesunde Genuss beim Trinken, der durch das Wissen noch steigt, alles selbst zubereitet zu haben – all das ist mit so viel Genuss verbunden.

Ich wünsche Ihnen von Herzen Gesundheit und Glück!

Saisonal & regional

Wer sich für Essen und Trinken interessiert, der verlässt sich vermutlich ohnehin nicht auf den Supermarkt, sondern nimmt sich die Zeit, kleine Gemüseläden und -stände, Hofläden, Märkte und Veranstaltungen rund ums Thema Essen aufzusuchen. Dort findet man dann auch Obst und Gemüse der Saison. Noch dazu ist es vermutlich ganz in der Nähe gewachsen und bringt damit den wahren Landgeschmack mit sich.

Die Aussicht auf die ersten hiesigen Stachelbeeren oder Pflaumen, zum Beispiel, erfüllt mich mit so viel Vorfreude, dass ich mich nur zu gerne vollauf mit ihnen beschäftige, solange sie Saison haben, und sie dann das restliche Jahr über vergesse. Wer will schon die wahre Sommerfrucht, die Erdbeere, ganzjährig haben? Warum wollen wir 12 Monate im Jahr Spargel essen? Importe haben schon ihren Sinn: Denn können wir uns vorstellen, ohne all die tropischen Früchte wie Bananen und Ananas auszukommen, die bei uns nicht wachsen? Aber heimisches Obst und Gemüse schmeckt zur Saison am besten, und da es dann meistens auch in Fülle angeboten wird, ist der Preis niedrig. Sprich: Das ist die beste Zeit, um es zu Getränken zu verarbeiten.

Indem wir Obst und Gemüse konservieren, verlängern wir die Saison und verwandeln sie in etwas Einzigartiges, das an eine andere Jahreszeit erinnert – sei es ein Sommerdrink, eine herbstliche Köstlichkeit, ein Wintergebräu oder ein festlicher Trunk.

Die Antwort liegt in der Erde Gärtnern gehört zu den Dingen, die man entweder liebt oder hasst, aber es tut der Seele gut und Kopf und Körper ebenso (dem Rücken möglicherweise allerdings weniger). Es ist auch der ideale Weg, um konstanten Nachschub für die Getränke-Werkstatt zu sichern.

Ein Küchengarten bietet das wunderbare Erlebnis, eigenes Obst und Gemüse zu ernten. Es ist nicht leicht, die richtige Balance zu finden, und egal wie sorgfältig man aussät, es gibt immer Phasen, in denen irgendetwas im Überfluss wächst. Dann geht es ans Einmachen.

Für ein Gemüsebeet benötigen Sie gar nicht viel Platz: Im Grunde brauchen Sie gar keines, denn Obstbüsche und -bäume lassen sich auch rund um Blumenbeete pflanzen. Wildblumen säen sich selbst aus, und Kräuter wachsen gerne in Töpfen und Körben. Einige Gemüsesorten und Salate kann man in Eimern oder Säcken züchten oder Blumenrabatten damit säumen. Eine meiner Nichten besitzt ein Spargelbeet inmitten einer Sonnenrabatte, das ihr wochenlang Spargel liefert. Es gibt unendlich viele Möglichkeiten.

Wenn Sie Obst und Gemüse selbst anbauen, gewöhnen Sie sich automatisch an, saisonal zu essen und das zu nutzen, was Sie haben. Am besten beginnt man mit einem Obstbaum: ein Pflaumen-, Zwetschgen-, Renekloden-, Holzapfel-, Birnen- oder Kirschbaum sorgt für dreifache Freude. Im Frühling können Sie die duftigen Blütenwolken genießen, im Sommer den Schatten, den er spendet, und im Herbst die Ernte – so viel Obst, dass selbst nach der Zubereitung von Sirup, Likör, Saft und anderen Getränken immer noch genug Fallobst übrig bleibt, um Wein daraus zu machen.

Manchmal werden Sie das Gefühl haben, dauernd dasselbe zu essen. Wenn die Ernte so üppig ausfällt, zeigt Ihnen dieses Buch, wie Sie Teile davon für später im Jahr haltbar machen können.

Wir sammeln Nüsse im Mai Irgendwann im Februar hebt sich jedes Jahr der Vorhang des Winters und Mutter Natur liefert eine Darbietung, die einfach die tollste der Welt ist: Primeln, Veilchen, Schlüsselblumen, Löwenzahn, Brennnesseln und zahllose andere essbare Blüten und Blätter tanzen einen munteren Reigen, eines nach dem anderen, durch unsere Wälder und über die Felder vom Frühling hinein bis in den Sommer. Blühende Bäume und Büsche bieten eine ähnliche Show: die Schlehenhecken und Kirschpflaumen, Birnen- und Apfelbäumen, gefolgt von süßen Holunderblüten, Heidekraut, Brombeersträuchern, Ginster und Heckenrosen. Im Frühjahr kann man aus ihren Blüten Wein und Sirup herstellen, und Beeren, Hagebutten und Früchte im Herbst zu Wein, Likör, Tee und mehr verarbeiten.

Die kleinen und großen Straßen, Spazierwege, Hecken, Flussufer, Wälder, städtischen Parks, Plätze, Kanalufer und Brachflächen laden allesamt zum Sammeln von Zutaten ein. Es reicht nicht, loszuziehen und zu erwarten, dass man essbare Schätze findet. Nein, man muss sein Jagdrevier erst kennenlernen. Dann entdeckt man je nach Jahreszeit immer neue tolle Dinge – also immer eine Tüte bei sich tragen. Aber denken Sie daran, stets eine Karte zu benutzen, auf Fußwegen zu bleiben und keine Privatgrundstücke zu betreten. Sie wollen ja auch nicht, dass ein Fremder durch Ihren Garten spaziert, oder? Ach, und denken Sie daran, das Gatter hinter sich zu schließen!

Rund ums Jahr

Frühling 🌿

Brennnesseln
Rhabarber
Holunderblüten
Stachelbeeren
Grüne Walnüsse
Thymian
Löwenzahnblüten &
-blätter
Kleeblüten
Weißdorn

Sommer 🌿

Kirschen
Erdbeeren
Johannisbeeren:
schwarz, rot & weiß
Himbeeren
Aprikosen
Nektarinen
Pfirsiche
Renekloden
Maulbeeren
Rosen
Lavendel
Minze
Rosmarin
Fenchelblüten

Herbst 🌿

Pflaumen
Zwetschgen
Brombeeren
Holunderbeeren
Vogelbeeren
Feigen
Trauben
Pastinaken
Karotten
Süßkartoffeln
Rote Bete
Birnen
Quitten
Äpfel
Weißdornbeeren
Schlehen
Hagebutten

Winter 🌿

Cranberrys
Grapefruits
Clementinen
Mandarinen
Granatäpfel
Ingwer
Trockenfrüchte
Orangen
Zitronen
Limetten

Stille Wasser sind tief

Sirup, Saft & Limonade

Sirup, Saft & Limonade

Bei „Zitronen-Gersten-Wasser" denkt in England sofort jeder an Sommerpicknicks, Stocher-kahnfahren, Nachmittagstee im Garten, Tennis und Cricket Matches. Abgesehen von solchen Freizeitfreuden taugt hausgemachter Sirup auch ausgezeichnet als Beigabe zu Kuchen und Desserts. Außerdem verleiht er Cocktails bei Bedarf Farbe, Süße und Aroma.

Wenn wir heutzutage von Sirup sprechen, dann meist im Zusammenhang mit Fruchtschorlen oder Ähnlichem, doch alte Kochbücher erzählen eine ganz andere Geschichte. In *The Compleat Housewife,* dem ersten Kochbuch, das 1742 in den amerikanischen Kolonien veröffentlicht wurde, widmet Eliza Smith einen ganzen Teil „Allen Arten von Sirupwasser". Dazu gehört das Rezept für „Great Palsey Water", das eine halbe Seite Kräuter, Blüten, Wurzeln und Gewürze als Zutaten auflistet.

Nachdem diese eingeweicht, destilliert und wieder eingeweicht wurden, versprach das daraus entstandene „Wasser" eine halbe Seite voller Heilwirkungen:

Ausstattung

Zur Sirupherstellung brauchen Sie keine komplizierte Ausrüstung. Im Großen und Ganzen reichen diese einfachen Küchenutensilien aus.

- Küchenwaage
- große und kleine Schüsseln und Schalen
- saubere Tücher und Wäscheklammern
- Messbecher
- mittelgroßer Trichter
- feines Sieb
- Kartoffelstampfer und -schäler
- Sterilisationsmittel
- Flaschen mit gut passenden Verschlüssen

Sirup füllt man am besten in Glasflaschen ab, aber Plastik (PET) funktioniert auch. Wenn Sie vorhaben, Ihren Sirup zu pasteurisieren, brauchen Sie stabile, hitzefeste Glasflaschen oder Gläser, wie man sie zum Einkochen verwendet (siehe Kasten gegenüber).

Sie brauchen außerdem eventuell
- Flotte Lotte (Passiergerät) oder Fleischwolf
- Baumwolltuch oder Filterbeutel (siehe S. 21)
- Zitronensäure- und Weinsäurepulver

„… innerlich oder durch ein Bad angewendet mindert es Schwindelgefühle im Kopf und verbessert das Gehör; es macht einen angenehmen Atem, hilft bei beginnender Wassersucht; niemand kann die Vorzüge dieses Wassers genug preisen …".

Damals wurden große Mengen davon angesetzt, um zu verarbeiten, was gerade saisonal verfügbar war – ich persönlich ziehe hingegen kleinere Mengen vor.

Ein Löffel Medizin Smiths Kochbuch enthält auch Rezepte für „Orangen- oder Zitronenwasser": „Auf die äußere Rinde von einhundert Orangen oder Zitronen nimmt man drei Gallonen Brandy und zwei Quart Wein". Das Orangenwasser wurde dann bei Magenbeschwerden empfohlen, während die Zitronenvariante als „gutes Bewirtungswasser" galt.

Eines ist sicher: Sirup und Ähnliches wurden einst als Tonikum oder Medizin eingesetzt, sie enthielten Alkohol und wurden oft weiter destilliert. Man darf dabei natürlich nicht vergessen, dass in der Vergangenheit Wasser oft nicht keimfrei war und deshalb selbst Kinder stattdessen dünnes Bier tranken. Heutzutage sind hausgemachte Getränke wie Zitronen-Gersten-Wasser, Rosenblütensirup und Holunderblütensirup abgesehen von ihrer leichten Heilpflanzenwirkung vor allem erfrischend und belebend.

Familienspaß Sirup ist leicht herzustellen, und die ganze Familie kann sich daran beteiligen. Traditionell wurden sogar die Kinder ausgeschickt, um Früchte, Blüten, Pflanzen und Hagebutten von den Feldern und Hecken zu sammeln.

Haltbarkeit & Lagerung Wo Sie Ihren Sirup aufbewahren, kann genauso wichtig sein wie die Herstellung. Natürliche Hefeanteile sind abhängig von der Art der Frucht oder Blüte, von der Jahreszeit und schwanken sogar von Tag zu Tag, je nach Wetter. Man sagt, ein heißer, trockener Sommer kann zu großen Mengen wilder Hefe führen, die sich schwer kontrollieren lässt.

Im Lauf der Jahre habe ich beobachtet, dass mancher Sirup gut hält, während anderer bereits nach etwa einem Monat anfängt, an der Oberfläche zu schimmeln. Bewahren Sie deshalb Ihren Fruchtsirup

Pasteurisierung

Wenn Sirup, frische Fruchtsäfte, andere nichtalkoholische und manche alkoholischen Getränke über längere Zeit außerhalb des Kühlschranks aufbewahrt werden, muss man sie unbedingt pasteurisieren. Die beste Methode ist das Pasteurisieren direkt nach der Flaschenabfüllung. Dazu werden die sterilisierten Flaschen wie angegeben befüllt und die sterilisierten Deckel aufgesetzt, allerdings nicht fest zugeschraubt (siehe Kasten zu Sterilisation unten).

Verwenden Sie einen sehr tiefen Topf oder Erhitzer (ein strombetriebenes Gerät, mit dem große Mengen Wasser gekocht werden können). Unten ein Tuch oder einen Dreifuß hineinlegen, die Flaschen darauf platzieren und so viel Wasser einfüllen, dass es etwas höher steht als die Flüssigkeit in den Flaschen. Ein Thermometer seitlich in den Topf hängen, das Wasser auf 70 °C erhitzen und 20 Minuten auf dieser Temperatur halten. Dann die Flaschen herausnehmen, fest verschließen und in Seitenlage abkühlen lassen, um sicherzugehen, dass die Innenseite der Deckel sterilisiert ist. Dunkel aufbewahren.

stets im Kühlschrank, in einer kalten Speisekammer oder im Keller auf.

Die Haltbarkeit eines Sirups lässt sich schwer voraussagen. 3 Monate wäre sicher eine gute Prognose, aber oft halten sie sich wacker ein Jahr oder länger. Als Vorbereitung für dieses Buch habe ich aus allen Obstsorten der jeweiligen Saison Sirup gekocht und alle genau im Auge behalten. Bei manchen konnte ich ein gewisses Maß an Gärung mit kleinen Luftblasen beobachten, während andere sich komplett ruhig verhielten.

Es kann am ungewöhnlich warmen Sommer oder einer ganzen Reihe anderer Gründe gelegen haben: Flaschen, die nicht richtig verschlossen waren, die Verwendung recycelter Deckel, unzureichende Sterilisation oder einfach zu kurze Kochzeiten bei den Früchten. Arbeiten Sie deshalb stets sorgfältig.

Sollte Sirup etwa einen Tag nach der Zubereitung Zeichen der Gärung zeigen, erneut aufkochen, wieder (in sterile Flaschen) abfüllen und im Kühlschrank aufbewahren oder pasteurisieren (siehe Kasten oben).

Natürlich bleiben Sie könnten Zusatzstoffe verwenden, aber ich persönlich verzichte darauf – um alles so natürlich wie möglich belassen. Wenn Sie eine Flasche Sirup öffnen, er immer noch seine leuchtende Farbe und Klarheit besitzt und gut riecht, dann ist er vermutlich in Ordnung. Nehmen Sie eine kleine Kostprobe, und wenn er gut schmeckt, ist alles bestens.

Falls sich auf der Oberfläche ein kleiner Schimmelkreis gebildet hat, diesen mit einem scharfen Messer abnehmen oder weggießen. Zucker ist schließlich ein natürliches Konservierungsmittel. Auch da hilft wieder ein kleiner Testschluck.

Die Zugabe von Zitronenschale gleicht die Süße des Sirups aus und macht ihn ebenfalls haltbarer. Statt Zitronenschale (oder auch zusätzlich) kann man Zitronensäure verwenden. Gewürze verbessern zwar den Geschmack und helfen beim Konservieren, aber der Zusatz von Alkohol wie Weinbrand oder Whisky trägt noch zu deutlich längerer Haltbarkeit bei und verwandelt Sirup in einen wärmenden, aber starken Drink.

Sterilisation

Bei der Herstellung von Sirup ist es ratsam, nicht nur die Flaschen, sondern auch die zum Abfüllen verwendeten Gerätschaften zu sterilisieren. Sterilisationsmittel bekommt man flüssig oder als Tabletten, wie man sie zur Sterilisierung von Babyflaschen verwendet. Bereiten Sie die Flüssigkeit zu und weichen Sie die Utensilien wie beschrieben darin ein. Dann mit heißem Wasser abspülen. Oder Glasflaschen und Utensilien in der Spülmaschine spülen.

Ergibt 500 ml

5 Bio-Limetten

250 ml Wasser

500 g Zucker

Außerdem

2 sterilisierte 250-ml-Flaschen
mit Korken (siehe Kasten, S. 13)

Italienischer Limetten-Sciroppo

Dieses Rezept tauchte zum ersten Mal in einem Medici-Kochbuch von 1696 auf und wurde durch Pellegrino Artusi in die heutige Zeit übertragen. In *Von der Wissenschaft des Kochens und der Kunst des Genießens* beschreibt er diesen Sirup als „ausgezeichnet und erfrischend, doch man bekommt ihn leider nicht in allen Cafés Italiens".

Mithilfe eines Kartoffelschälers die Schale (ohne die weiße Haut) von 2 der Limetten dünn abschälen. Die Schale mit dem Wasser in einem mittelgroßen Topf langsam zum Kochen bringen. Vom Herd nehmen, den Zucker zugeben und unter Rühren auflösen (*Bild* 1).

Die Schale und die weiße Haut der restlichen 3 Limetten sowie bei den 2 bereits geschälten die Haut entfernen. Mit einem kleinen scharfen Messer die Fruchtspalten herauslösen. Die Kerne und die Zwischenmembran wegwerfen (*Bild* 2). Den Saft, der dabei austritt, auffangen.

Wenn sich der Zucker aufgelöst hat, die Flüssigkeit durch ein Sieb in eine Schüssel füllen und die Limettenschale wegwerfen (*Bild* 3). Die Flüssigkeit mit den Limettenfilets und dem aufgefangenem Saft in einen Topf geben (*Bild* 4), sanft zum Köcheln bringen und reduzieren. Allerdings höchstens 15 Minuten – sonst karamellisiert der Sirup. Den Sirup in eine Flasche füllen und verschließen.

Herstellung & Aufbewahrung: Nach Belieben mit eisgekühltem Wasser verdünnen. Zubereiten, wenn es viele Zitrusfrüchte gibt. Hält sich im Kühlschrank 12 Monate. Sonst gleich verbrauchen oder pasteurisieren.

Variation: Als erstklassigen Durstlöscher kann man den Sirup auch mit 3 großen Orangen oder Zitronen oder mit 2 Grapefruits zubereiten.

Foto gegenüber: Von links nach rechts, Syrop de Grenadine (siehe S. 20), Ingwersirup (siehe S. 21) und Florida-Cocktail-Sirup

Florida-Cocktail-Sirup

Ein milder Sirup mit der Schale und dem Saft von Orangen und Grapefruits. Sie können das Grundrezept mit beliebigen Kombinationen von Zitrusfrüchten zubereiten. Wie alle Zitrusgetränke ist auch dieses belebend und durstlöschend, vor allem mit Eis und Scheiben frischer Früchte serviert. Dieser Sirup eignet sich auch wunderbar als Zutat für alkoholfreie Cocktails und als Grundlage für Sorbets.

Ergibt 1 Liter

dünn abgeschälte Schale von
1 Bio-Grapefruit (pink oder normal)
und 1 Bio-Orange (Blutorange
oder normal)

500 ml Wasser

500 g Zucker

Saft von 2-3 Grapefruits und
2-3 Orangen

Außerdem

Zitronenpresse

2 sterilisierte 500-ml- oder mehrere
kleinere Flaschen, vorzugsweise
aus Glas, mit Schraub- oder
Schnappverschluss
(siehe Kasten, S. 13)

Die Orangen- und Grapefruitschale in einen mittelgroßen Topf geben. Das Wasser und den Zucker hinzufügen, bei niedriger Hitze langsam zum Kochen bringen und den Zucker unter Rühren auflösen (*Bild* 1).

Zwei Orangen und 2 Grapefruits in einen Messbecher auspressen. Sie sollten ca. 500 ml Saft haben. Wenn nötig weitere Früchte auspressen. Den Saft in den Topf geben. Wiedererhitzen und 10 Minuten köcheln lassen.

Die Flüssigkeit durch ein feines Sieb in einen Messbecher abseihen und abkühlen lassen. Die sterilen Faschen und den Trichter mit warmem Wasser ausspülen und den Sirup einfüllen, sodass etwa 2 cm Luft zwischen Flüssigkeit und Deckel bleiben (*Bild* 3). Verschließen.

Herstellung & Aufbewahrung: Kann das ganze Jahr gekocht werden, wann immer Zitrusfrüchte gut schmecken. Im Kühlschrank 1 Monat haltbar, sonst pasteurisieren (siehe Kasten, S. 13).

3

Syrop de Grenadine

Ergibt 300 ml

2 Granatäpfel

250 g Zucker

gefilterter Saft einer Zitrone

1 TL Zitronensäure

Außerdem

Flotte Lotte (Passiergerät)
oder Fleischwolf

1 sterilisierte 300-ml-Flasche oder
mehrere kleine Flaschen
mit Schraub- oder Bügelverschluss
(siehe Kasten, S. 13)

Dieser funkelnde Granatapfel-„Juwelensirup" ist eine magische Zutat für Cocktails, Fruchtschorlen, Obstsalate und Sorbets. Es ist zwar mühsam, die Kerne aus der Schale zu lösen, aber die Mühe lohnt sich.

Den Deckel (das gezackte Stück oben auf der Frucht) abschneiden und entsorgen. Den Granatapfel von der Spitze aus halbieren und dann erneut quer durchschneiden. Die Kerne mit dem Löffel in eine große Schüssel auslösen. Die weiße Haut dabei sorgfältig entfernen.

Den Zucker ebenfalls in die Schüssel geben, die Kerne mit der Rückseite eines Holzlöffels leicht zerdrücken und über Nacht ziehen lassen.

Am nächsten Morgen durch eine Flotte Lotte in einen Topf drehen. Auf niedriger Stufe unter gelegentlichem Rühren erhitzen, bis sich der Zucker aufgelöst hat. Den gefilterten Zitronensaft und die Zitronensäure zugeben und einige Minuten köcheln lassen.

In einen Messbecher umfüllen. Sterile Flaschen und Trichter mit warmem Wasser ausspülen und mit dem Sirup befüllen. Dabei oben im Flaschenhals 2 cm Platz lassen. Verschließen.

Herstellung & Aufbewahrung: Im Herbst oder Winter zubereiten. Im Kühlschrank bis zu 1 Jahr haltbar, sonst pasteurisieren (siehe Kasten, S. 13)

Flaschen & Mengen

Ich bereite immer kleinere Mengen an Sirup zu, aber wenn Sie mal eine Obstsorte im Überfluss zur Verfügung haben, multiplizieren Sie einfach die Mengenangaben. Denken Sie jedoch daran, dass Sie alles, was Sie nicht sofort konsumieren wollen, pasteurisieren (siehe Kasten, S. 13) oder im Kühlschrank aufbewahren müssen. Einfrieren ist auch eine Möglichkeit, aber dafür sollte der Sirup in Plastikbehälter abgefüllt werden.

Bei der Zubereitung von Getränken oder Konserven ist es immer schwierig abzuschätzen, welche Menge das Rezept genau ergibt. Das hängt vom Saftgehalt der Früchte, der Verdunstungsmenge usw. ab. Daher ist es ratsam, stets eine Auswahl an Flaschen in verschiedenen Größen zur Verfügung zu haben.

Da ich selten große Mengen auf einmal zubereite, haben meine Flaschen üblicherweise ein Fassungsvermögen von 500 ml, 250 ml und 100 ml. Die Kleinen eignen sich gut für Restmengen, wenn die großen Flaschen gefüllt wurden, und auch als Geschenke. Wenn Sie Ihren Sirup eine Weile aufbewahren wollen, sollten die Flaschen bis auf wenige Zentimeter unter dem Rand gefüllt werden. Lieber mit etwas kochendem Wasser auffüllen als mehr Luft lassen.

vorherige Seiten: Zutaten für Syrop de Grenadine (links) und Ingwersirup (rechts)

Feines Sieb oder Filtertuch

Bei der Herstellung von Sirup reicht oft ein feines Sieb, um die Flüssigkeit zu filtern. Um einen kristallklaren Sirup zu erhalten, verwendet man jedoch am besten ein Filtertuch bzw. einen -beutel (*siehe Bild* 2, S. 27). Davon gibt es zwei Varianten: entweder aus speziellen Synthetikfasern und mit vier Schlaufen, an denen das Tuch aufgehängt werden kann, oder aus Baumwollstoff mit verstärktem Abschluss und Schnüren zum Aufhängen. Beide eignen sich gut, doch durch den Baumwollbeutel tropft die Flüssigkeit langsamer, was einen klareren Sirup ergibt. Wenn Sie einen Baumwollfilterbeutel verwenden, spülen Sie ihn mit heißem Wasser aus dem Wasserkocher durch, bevor Sie das Fruchtmus hineingeben. Das sterilisiert zum einen den Beutel und hilft zum anderen dem Saft beim Durchlaufen, weil ihn die Stofffasern nicht aufsaugen. Welche Methode auch immer Sie verwenden, es ist ganz wichtig, den Beutel nicht zu drücken, sondern die Flüssigkeit von selbst abtropfen zu lassen.

Ingwersirup

Ergibt 500 ml

200 g Ingwerwurzel, geschrubbt

dünn abgeschälte Schale einer Bio-Zitrone

300 g brauner Zucker

300 ml kaltes Wasser

gefilterter Saft von 2 Zitronen und 1 Orange

Außerdem

Reibe

1 sterilisierte 500-ml-Flasche oder eine Auswahl kleinerer sterilisierter Flaschen, vorzugsweise aus Glas, mit Schraub- oder Bügelverschluss (siehe Kasten, S. 13)

Ingwersirup ist – heiß serviert – ein wärmender Muntermacher im Winter und im Sommer eine belebende Erfrischung auf Eis. Es handelt sich dabei auch um die vielseitigste Zutat für alkoholfreie Cocktails (siehe S. 172, 178), weil er die Aromen intensiviert und den Drinks einen gewissen Kick verleiht.

Den Ingwer grob in eine Schüssel raspeln – Schälen ist nicht nötig. Die Zitronenschale, den Zucker und das Wasser hinzugeben und gut verrühren. Mit einem sauberen Tuch abdecken und über Nacht durchziehen lassen. Morgens erneut umrühren.

In einen großen Topf umfüllen, auf niedriger Stufe langsam zum Kochen bringen und dabei gelegentlich umrühren. 5 Minuten köcheln lassen bzw. bis sich der Zucker aufgelöst hat. Den Zitronen- und Orangensaft hinzufügen und weitere 5–10 Minuten köcheln lassen, bis die Flüssigkeit anfängt einzudicken.

In einen Messbecher abseihen und abkühlen lassen. Sterile Flaschen und Trichter mit warmem Wasser ausspülen und mit dem Sirup befüllen. Dabei oben im Flaschenhals 2 cm Platz lassen. Sorgfältig verschließen.

Herstellung & Aufbewahrung: Kann das ganze Jahr über hergestellt werden. Hält sich im Kühlschrank 3–6 Monate. Ansonsten direkt verwenden oder pasteurisieren (siehe Kasten, S. 13).

Foto gegenüber: Zitronenwasser

Zitronenwasser

Ein erfrischendes Getränk für jede Jahreszeit, das sich genau-
so gut mit Orangen, Grapefruit oder Limetten zubereiten lässt.
Auf Eis servieren und für Erwachsene nach Belieben einen
Schuss Wodka zugeben.

Ergibt 1 Liter

dünn abgeschälte Schale und Saft
von 4 Bio-Zitronen

90 g Würfelzucker

1 l kochendes Wasser

Zum Servieren

12 Eiswürfel

150 g Himbeeren oder
Heidelbeeren (optional)

Außerdem

Frischhaltefolie

Zitronenpresse

großer hitzebeständiger Krug und Servierkrug

Die Zitronenschale in dünne Streifen schneiden. Die Hälfte davon in
Frischhaltefolie wickeln und für später aufbewahren. Die übrige Schale
und den Zitronensaft mit dem Würfelzucker in den hitzefesten Krug
geben. Das heiße Wasser hinzufügen, umrühren und abkühlen lassen.
Vor dem Servieren in einen zweiten Krug abseihen und kalt stellen.

In hohen Gläsern mit einigen Streifen der zurückgehaltenen Zitronenschale und, falls gewünscht, den Beeren und Eiswürfeln servieren.

Herstellung & Aufbewahrung: Kann das ganze Jahr über zubereitet
werden und sollte sofort konsumiert werden.

Zitronen-Gersten-Wasser

Zitronen-Gersten-Wasser ist ein kräftiges, erfrischendes Getränk mit ansprechendem perlmuttfarbenem Schimmer. Man
kann es auf verschiedene Arten zubereiten, je nach Belieben.

Ergibt 2 Liter

200 g Gerstengraupen

2 l Wasser

dünn abgeschälte Schale von
2 Bio-Zitronen

Saft von 3 Zitronen

100–150 g Zucker oder Honig nach
Geschmack

Außerdem

2 1-l-Flaschen mit Deckel, mit heißem
Seifenwasser ausgespült

Die Gerstengraupen in einem mittelgroßen Topf mit dem Wasser und der
Zitronenschale 30 Minuten einweichen. Zum Kochen bringen und abseihen, solange es noch heiß ist. Wenn Sie einen klebrigeren Drink mit mehr
Gerstengeschmack bevorzugen, lassen Sie die Flüssigkeit vor dem Abseihen abkühlen. Den Zitronensaft hinzufügen und mit Zucker oder Honig
abschmecken. Abkühlen lassen. Dann mithilfe eines Trichters in Flaschen
abfüllen und verschließen.

Herstellung & Aufbewahrung: Passt am besten in den Sommer. Gekühlt
servieren. Hält sich im Kühlschrank etwa eine Woche.

Stachelbeer-Süßdolden-Sirup

Dieser sommerliche Sirup ist mein persönlicher Favorit: köstlich duftend mit Blüten- und Zitrusnoten. Die wunderbare Stachelbeere gibt es (zum Glück) nur für kurze Zeit im Jahr in Hofläden, beim Obsthändler oder an einem Busch in Ihrer Nähe, vielleicht ja sogar in Ihrem Garten. Hier tritt sie zusammen mit der Süßdolde auf, einer altmodischen Pflanze mit weichen, farnartigen Blättern, die auf dem Land in vielen Gärten wächst. Man kann mit den Blättern das Aroma von Getränken (siehe Seiten 182, 184) und Früchten wie Rhabarber und Stachelbeere verfeinern. Der leichte Anisgeschmack der Süßdolde passt perfekt zur Stachelbeere. In Cocktails, zu Eiscreme und Biskuitkuchen schmeckt dieser Sirup himmlisch.

Ergibt 500 ml

250 g reife Stachelbeeren

dünn abgeschälte Schale einer Bio-Zitrone

250 g Zucker

1 großes Bund Süßdoldenblätter oder ein kleines Bund Rosmarin oder Thymian

250 ml kaltes Wasser

Außerdem

Schere

2 sterilisierte 250-ml-Flaschen oder 1 500-ml-Flasche, vorzugsweise aus Glas, mit Schraubverschluss (siehe Kasten, S. 13)

Sirup verwenden

Hausgemachter Sirup schmeckt unterschiedlich intensiv und meist auch schwächer als der im Handel erhältliche. Deshalb ist es wichtig, vor dem Servieren oder der Verwendung in einem Rezept ein wenig zu kosten. Verdünnt werden kann er mit stillem Wasser, Sprudel, Tonic, Limonade, Milch, Zitronenwasser (siehe S. 22) oder Sodawasser und viel Eis. Im Winter verwandelt er sich mit heißem Wasser in ein wärmendes Getränk. In Kombination mit Ingwerbier und anderen Sprudelgetränken (siehe S. 44) lassen sich leckere alkoholfreie Cocktails zaubern und mit Likören (siehe S. 116) solche mit Alkohol.

Die Stachelbeeren mit der Schere putzen. Unter kaltem Wasser abwaschen, abtropfen und auf einem sauberen Tuch in der Sonne trocknen lassen, wenn es das Wetter zulässt.

Die gewaschenen Beeren mit der Zitronenschale, der Hälfte des Zuckers, den Süßdoldenblättern oder anderen Kräutern und der Hälfte des Wassers in einem Topf sanft zum Kochen bringen. Ab und zu umrühren, damit sich der Zucker auflöst. 10 Minuten köcheln lassen.

Nebenher den übrigen Zucker in einem kleinen Topf mit dem restlichen Wasser langsam unter Rühren aufkochen, bis sich der Zucker aufgelöst hat. Bei schwacher Hitze um ein Drittel reduzieren. Achtung: Nicht zu lange einkochen lassen, da sonst der Sirup karamellisiert.

Den Zuckersirup in den Topf mit den Beeren gießen und verrühren. Die Mischung durch ein feines Sieb geben und über einer Schüssel abtropfen lassen.

Nach dem Abkühlen in einen Messbecher füllen. Die Menge überprüfen und, wenn nötig, mit kochendem Wasser auf 500 ml auffüllen.

Vor dem Abfüllen die sterilen Flaschen mit warmem Wasser auswaschen, dann mithilfe eines Trichters mit Sirup befüllen. Dabei oben im Flaschenhals 2 cm Platz lassen. Sorgfältig verschließen.

Herstellung & Aufbewahrung: Im Frühsommer ansetzen. Hält sich im Kühlschrank 3–6 Monate. Ansonsten sofort konsumieren oder pasteurisieren (siehe Kasten, S. 13).

Tipp: Wer keine Süßdolde hat, nimmt einfach etwas Sternanis, um den Geschmack zu imitieren.

Foto gegenüber: Brombeersirup (links, siehe S. 26) und Stachelbeer-Süßdolden-Sirup

Klassischer Cassis-Sirup

Das ist ein klassisches Rezept, das als Grundlage für jede Art von Sirup aus weichen Früchten abgewandelt werden kann. Ich koche Sirup immer in kleinen Mengen mit 250 g Obst, was 400–500 ml Sirup ergibt. Falls Sie jedoch massenhaft Früchte verarbeiten müssen, dann geht das mit dieser Methode einfach und relativ schnell. Sie müssen lediglich die Mengen erhöhen.

Ergibt 400 ml

250 g schwarze Johannisbeeren oder andere weiche Früchte, gewaschen und getrocknet

dünn abgeschälte Schale einer Bio-Zitrone oder 1 Prise Zitronensäure

250 g Zucker

250 ml kaltes Wasser

Außerdem

2 sterilisierte 200-ml-Flaschen mit Schraubverschluss (siehe Kasten, S. 13)

Die Johannisbeeren mithilfe einer Gabel vom Stiel streifen und in einen Topf geben. Die Zitronenschale oder Zitronensäure, die Hälfte des Zuckers und die Hälfte des Wassers hinzufügen. Ab und zu umrühren, damit sich der Zucker auflöst. 10 Minuten köcheln lassen.

Nebenher den übrigen Zucker in einem kleinen Topf mit dem restlichen Wasser langsam unter Rühren aufkochen, bis sich der Zucker aufgelöst hat. Bei schwacher Hitze um ein Drittel reduzieren. Achtung: Nicht zu lange einkochen lassen, da sonst der Sirup karamellisiert. Den Zuckersirup zu den Beeren gießen und verrühren. Die Mischung durch ein feines Sieb geben und über einer Schüssel abtropfen lassen. Nach dem Abkühlen in einen Messbecher umfüllen. Die Menge überprüfen und, wenn nötig, mit kochendem Wasser auf 400 ml auffüllen. Wieder abkühlen lassen.

Vor dem Abfüllen die sterilen Flaschen mit warmem Wasser ausspülen, dann mithilfe eines Trichters mit Sirup befüllen. Dabei oben im Flaschenhals 2 cm Platz lassen. Sorgfältig verschließen.

Herstellung & Aufbewahrung: Im Sommer zubereiten. Hält sich im Kühlschrank 3–6 Monate. Ansonsten sofort konsumieren oder pasteurisieren.

Variation: Sie können auch Brombeeren, Himbeeren, Maulbeeren, Holunderbeeren, Heidelbeeren, Stachelbeeren, Erdbeeren, weiße oder rote Johannisbeeren oder eine Mischung verwenden.

Foto auf S. 25

Johannisbeerwasser

Ergibt 500 ml

250 g rote Johannisbeeren, gewaschen und getrocknet

150 g Himbeeren, gewaschen und getrocknet

250 g Zucker

400 ml Wasser

Außerdem

Filterbeutel, heiß durchgespült

2 sterilisierte 250-ml-Flaschen mit Schraubverschluss (siehe Kasten, S. 13)

Auch wenn hier die Flüssigkeit mit einem Filterbeutel statt eines Siebs abgeseiht wird, bleibt es doch ein Sirup. Man erhält jedoch auf diese Weise eine glasklare Flüssigkeit – daher auch der Name „Wasser". Nach Geschmack verdünnen und heiß oder kalt genießen. Schmeckt auch prima über Vanilleeis geträufelt.

Die Johannisbeeren mithilfe einer Gabel vom Stiel streifen und in eine große Schüssel geben. Die Himbeeren und die Hälfte des Zuckers hinzufügen, mit einem sauberen Tuch abdecken und über Nacht stehen lassen (*Bild* 1).

Am nächsten Morgen wird die Schüssel voll mit rotem Saft sein. Die Beeren umrühren und mit 250 ml Wasser in einen Topf geben.

Sanft erhitzen, damit sich die restlichen Zuckerkristalle auflösen. Zum Kochen bringen und 10 Minuten köcheln lassen. Ein wenig abkühlen lassen, dann in einen Filterbeutel mit Schüssel darunter geben (*Bild* 2). So lange hängen lassen, bis keine Flüssigkeit mehr heraustropft.

Den restlichen Zucker mit 150 ml Wasser in einem kleinen Topf aufkochen lassen. Bei schwacher Hitze um ein Drittel reduzieren. Achtung: Nicht zu lange einkochen lassen, da sonst der Sirup karamellisiert.

Den Fruchtsaft und den Sirup vermischen und abkühlen lassen. In einen Messbecher umfüllen, die Menge überprüfen und, wenn nötig, mit kochendem Wasser auf 500 ml auffüllen. Vor dem Abfüllen die sterilen Flaschen mit warmem Wasser ausspülen, dann mithilfe eines Trichters mit Sirup befüllen. Dabei oben im Flaschenhals 2 cm Platz lassen. Sorgfältig verschließen.

Herstellung & Aufbewahrung: Im Sommer zubereiten. Hält sich im Kühlschrank 3–6 Monate. Ansonsten sofort konsumieren oder pasteurisieren (siehe Kasten, S. 13).

Variation: Experimentieren Sie mit dieser Methode ruhig auch mit anderen Früchten, z.B. mit einer Mischung aus schwarzen Johannisbeeren, Erdbeeren und Himbeeren.

Foto gegenüber: Rosenblütensirup

Rosenblütensirup

Das hier ist meine Variante des unten beschriebenen, typischen Sommertrunks aus schaumigen, duftenden Holunderblüten, die im Frühsommer an den Hecken gesammelt werden. Sie können mit allen essbaren Blüten aus Ihrem Garten experimentieren – aber fangen Sie am besten mit kleinen Mengen, z.B. mit 1 Liter, an.

Ergibt 1 Liter

12 ungespritzte Rosen

Saft und fein abgeriebene Schale einer Bio-Zitrone

750 ml kaltes Wasser

Saft von 1 Orange

1 TL Zitronensäure

500 g Zucker

Außerdem

Baumwolltuch oder Filterbeutel

4 sterilisierte 250-ml- oder 2 500-ml-Flaschen mit Schraubverschluss (siehe Kasten, S. 13)

Die Blütenblätter von den Rosen zupfen und mit der fein geriebenen Zitronenschale in eine große, tiefe Schüssel geben. Das kalte Wasser darübergießen, mit einem sauberen Tuch abdecken und die Ecken mit Wäscheklammern befestigen, damit es nicht in die Flüssigkeit rutscht. Über Nacht stehen lassen.

Ein Baumwolltuch oder einen heiß durchgespülten Filterbeutel (siehe Kasten, S. 21; *Bild* 2, S. 27) über einem großen Topf befestigen und die Flüssigkeit samt Blütenblättern in den Beutel gießen. Den Orangensaft abseihen und mit der Zitronensäure und dem Zucker in den Topf geben. Bei schwacher Hitze erwärmen und sanft köcheln lassen, um den Zucker aufzulösen, umrühren und einige Minuten weiterköcheln lassen. Durch ein Sieb in einen Messbecher geben.

Nach dem Abkühlen die sterilen Flaschen mit warmem Wasser ausspülen, dann mithilfe eines Trichters befüllen. Dabei oben im Flaschenhals 2 cm Platz lassen. Sorgfältig verschließen.

Herstellung & Aufbewahrung: Kann den ganzen Sommer über zubereitet werden. Hält sich im Kühlschrank 3–6 Monate. Ansonsten sofort konsumieren oder pasteurisieren (siehe Kasten, S. 13).

Holunderblütensirup

Ergibt 1 Liter

25 Holunderblütendolden

gefilterter Saft und dünn geschälte Schale von 3 Bio-Zitronen und 1 Bio-Orange

1,5 l kochendes Wasser

1 kg Zucker

1 gehäufter TL Zitronensäure

Außerdem

Baumwolltuch oder Filterbeutel

4 sterilisierte 250-ml- oder 2 500-ml-Flaschen mit Schraubverschluss (siehe Kasten, S. 13)

Mithilfe einer Gabel die Blüten von den Stielen streifen. Die Blüten ausschütteln und die Zitrusschale in eine große, tiefe Schüssel geben. Mit dem kochenden Wasser übergießen. Die Schüssel mit einem sauberen Tuch abdecken und die Ecken mit Wäscheklammern befestigen. Über Nacht stehen lassen.

Am nächsten Tag ein Baumwolltuch oder einen heiß durchgespülten Filterbeutel (siehe Kasten, S. 21; *Bild* 2, S. 27) über einem großen Topf befestigen und die Flüssigkeit samt Blüten hineingießen. Wenn nichts mehr tropft, die Blüten entsorgen. Den Zucker, die Zitronensäure und den gefilterten Zitronen- und Orangensaft zur Holunderblütenflüssigkeit geben. Unter Rühren auf niedriger Stufe erwärmen, um den Zucker aufzulösen. Einige Minuten weiter köcheln lassen. Durch ein Sieb in einen Messbecher füllen und abkühlen lassen. Die sterilen Flaschen mit warmem Wasser ausspülen, dann mithilfe eines Trichters befüllen. Dabei oben im Flaschenhals 2 cm Platz lassen.

Herstellung & Aufbewahrung: Im Frühsommer zubereiten. Hält sich im Kühlschrank 3–6 Monate. Ansonsten sofort konsumieren oder pasteurisieren.

Monnicas Spezialtrunk – Himbeeressig

Eines Tages brachte eine meiner Studentinnen eine kleine Flasche mit in den Italienischunterricht, auf der „Himbeeressig" stand. Sie empfahl ihn als Würzsauce, als erfrischenden Sommerdrink und als beruhigende Medizin bei Halsschmerzen. Ich öffnete den Schraubverschluss und atmete das wunderbare Aroma frischer Himbeeren ein. Dann gab ich ein wenig davon in ein Glas, verdünnte ihn mit Wasser und war erstaunt über den belebenden süß-säuerlichen Geschmack. Bald schon verwendete ich den Essig in Salatsaucen, träufelte einige Tropfen über Steak und mischte ihn unter Obstsalat.

Ergibt 1 Liter

400 g reife Himbeeren

400 ml hochwertiger Essig; Apfelessig eignet sich am besten

400 g Zucker

4 250-ml-Flaschen mit Schraubverschluss, mit heißem Seifenwasser ausgewaschen (bei Essig ist Sterilisieren nicht nötig)

Die Himbeeren vorsichtig abwaschen, abtropfen lassen und auf einem sauberen Tuch trocknen lassen (*Bild* 1). Die trockenen Beeren in eine große Schüssel geben, den Essig hinzufügen (*Bild* 2) und die Beeren mit der Rückseite eines Holzlöffels zerdrücken (*Bild* 3). Mit einem Tuch abgedeckt 3 oder 4 Tage stehen lassen – dabei 1 x täglich umrühren und zerdrücken. Dann die Mischung durch ein Sieb in einen Topf geben (*Bild* 4), den Zucker zugeben, erhitzen und kurz köcheln lassen, damit dieser sich auflöst (*Bild* 5). Abkühlen lassen.

Vor dem Abfüllen, die Flaschen mit warmem Wasser ausspülen, mithilfe eines Trichters mit Himbeeressig befüllen. Dabei oben im Flaschenhals 2 cm Platz lassen (*Bild* 6). Sorgfältig verschließen.

Herstellung & Aufbewahrung: Im Sommer zubereiten. Bei Zimmertemperatur unbegrenzt haltbar.

Artusis Sciroppo di Frutta

Pellegrino Artusi wird gern als Vater der heutigen italienischen Küche bezeichnet. Auf seinen Reisen durch Italien sammelte er Rezepte, die er in seinem berühmten Kochbuch *La Scienza in Cucina e l'Arte die Mangiare Bene*, veröffentlichte, das dadurch die bekanntesten regionalen Traditionen in sich vereinte. Dieser sciroppo wird mit Früchten und Puderzucker ohne Wasser hergestellt, und Artusi lobte ihn für seinen intensiven Geschmack. Das Obst soll einige Tage gären, bevor der Saft entzogen wird, wodurch dieser Sirup einen besonders vollen Geschmack bekommt.

Ergibt 200–400 ml

1 kg Himbeeren, Brombeeren oder schwarze Johannisbeeren

Pro 250 ml Fruchtsaft fügen Sie hinzu:

325 g gesiebter Puderzucker

½ TL Zitronensäure

Außerdem

große, flache Tonschale

feines Sieb oder leichter Baumwollfilterbeutel, heiß durchgespült (siehe Kasten, S. 21)

1 oder 2 sterilisierte 200-ml-Flaschen mit Schraubverschluss (siehe Kasten, S. 13)

Die Beeren in eine große, flache Tonschale geben und mit einem Kartoffelstampfer zerdrücken. Mit sauberem Tuch bedeckt gären lassen – 2–3 Tage bei Him- und Brombeeren, 4–5 Tage bei schwarzen Johannisbeeren.

Zweimal täglich zerstampfen. Sollten Sie es einmal vergessen, kann sich Schimmel auf dem Obst bilden. Diesen einfach entfernen – es kann nichts passieren. Zucker wirkt als Konservierungsmittel, und der Saft wird später sowieso abgekocht.

Der Obstbrei geht über Nacht „auf". Das liegt an der natürlichen Hefe im Obst, und durch das Zerstampfen wird sie wieder eingearbeitet. Das sollte so lange passieren, bis der Brei nicht mehr aufgeht. Johannisbeeren brauchen meist länger als andere Beeren.

Das Obst in ein feines Sieb oder einen heiß durchgespülten leichten Baumwollfilterbeutel über einer Schüssel geben und abtropfen lassen. Auf keinen Fall drücken oder quetschen.

Den gewonnenen Saft abmessen, um die Menge an Zucker und Zitronensäure errechnen zu können. Den Saft in einem Topf zum Köcheln bringen. Den Puderzucker und die Zitronensäure hinzugeben und unter Rühren auflösen. 5 Minuten kochen lassen.

Durch ein Sieb in einen Messbecher gießen und abkühlen lassen. Dann die Flaschen mit warmem Wasser ausspülen und mithilfe eines Trichters befüllen. Dabei oben im Flaschenhals 2 cm Platz lassen. Sorgfältig verschließen.

Herstellung & Aufbewahrung: Im Sommer zubereiten. Bei Zimmertemperatur unbegrenzt haltbar. Ergibt, mit stillem Wasser oder Sprudel verdünnt, ein erfrischendes Getränk. Eignet sich auch perfekt für die Sorbetherstellung oder zum Träufeln über Eiscreme.

Syrop de menthe

In Anbetracht der Tatsache, wie üppig Minze in vielen Gärten wächst, nutzen wir sie viel zu selten. Ja, wir verwenden sie in einigen wenigen Gerichten. Aber warum nicht auch mal im Salat, in Salatsaucen und Fruchtspeisen? Nutzen Sie Ihre Minze, um diesen köstlichen französischen syrop herzustellen. Perfekt für kühle Sommerdrinks sowie in Obstsalaten oder Sorbets.

Ergibt 500 ml

50 g Minzestängel - ein ziemlich
großes Bund

500 ml kochendes Wasser

500 g Zucker

Außerdem

1 sterilisierte 500-ml-Flasche oder
mehrere kleinere sterilisierte
Flaschen mit Schraubverschluss
(siehe Kasten, S. 13)

Die Minze waschen, überschüssiges Wasser abschütteln, die Blätter von
den Stielen streifen und die Stiele entsorgen (*Bild* 1). Die Blätter mit dem
kochendem Wasser und dem Zucker in eine Schüssel geben (*Bild* 2). Den
Zucker unter Rühren auflösen. Mit einem Tuch zudecken und 48 Stunden
stehen lassen, dabei ab und zu umrühren.

Die Flüssigkeit durch ein feines Sieb in einen Topf abseihen. Auf niedriger
Stufe erhitzen und sanft zum Sieden bringen. Umrühren, damit sich der
Zucker vollends auflöst. 5 Minuten köcheln lassen. Abkühlen lassen.

In einen Messbecher umfüllen. Die sterilen Flaschen mit warmem Wasser
ausspülen und mithilfe eines Trichters befüllen. Dabei oben im Flaschenhals 2 cm Platz lassen. Sorgfältig verschließen.

Herstellung & Aufbewahrung: Im Sommer und Frühherbst zubereiten. Im
Kühlschrank bis zu 1 Jahr haltbar, sonst pasteurisieren (siehe Kasten, S. 13).

Syrop de menthe extra

Ergibt 200 ml

50 g Minzestängel, gewaschen und
trocken geschüttelt

250 g gesiebter Puderzucker

Saft einer Zitrone

Außerdem

großer Mörser oder stabile Schüssel
und Kartoffelstampfer

Baumwollfiltertuch, heiß durchgespült
(siehe Kasten, S. 21)

1 sterilisierte 200-ml-Flasche mit
Schraub- oder Bügelverschluss
(siehe Kasten, S. 13)

Dieses Rezept ohne Zugabe von Wasser ergibt einen intensiveren, weniger süßen Sirup, der sich zum Aromatisieren von
Süßigkeiten, Pralinen oder Sprudelgetränken eignet.

Die Minzezweige am Stück mit dem Puderzucker und dem Zitronensaft in
den Mörser geben und zu einer glatten Paste verarbeiten.

Mit einem sauberen Tuch bedeckt über Nacht stehen lassen, dann durch
ein heiß durchgespültes Baumwollfiltertuch über einer Schüssel abseihen.
Den Stoffbeutel dabei nicht drücken. Wenn nichts mehr tropft, den Sirup
in einem kleinen Topf zum Kochen bringen. Einige Minuten köcheln lassen, abkühlen lassen und wie oben in Flaschen abfüllen.

Herstellung & Aufbewahrung: Im Kühlschrank bis zu 1 Jahr haltbar, sonst
pasteurisieren (siehe Kasten, S. 13).

Variation: Für ein fernöstliches Aroma statt Minze eine Handvoll Jasminblüten, flach geklopfte Zitronengrasstängel und einige Pandanusblätter
verwenden.

Gewürzter Brombeertrunk

Brombeeren gehören zu den Freuden des Spätsommers. Ganze Girlanden praller, saftiger, glänzender schwarzer Beeren zieren dann die Hecken. Wenn Sie sich in Ihrer Gegend gut auskennen, ist das Brombeerensammeln einer der besten Gründe zum Spazierengehen – aber vergessen Sie die Plastikschüssel nicht. Auch ein Spazierstock mit gekrümmtem Griff ist zu empfehlen. Nicht als Stütze, sondern um die Brennnesseln beiseite zu schlagen und die Zweige ganz oben herunterzuziehen, an denen die schönsten Beeren hängen – fast immer außer Reichweite.

Ergibt 400 ml

250 g Brombeeren, gewaschen und getrocknet

dünn abgeschälte Schale einer Bio-Zitrone

250 g Zucker

1 kleine Prise gemahlene Nelken

1 ordentliche Prise Zimt

1 ordentliche Prise Ingwerpulver

250 ml kaltes Wasser

Außerdem

2 sterilisierte 200-ml-Flaschen mit Schraubverschluss (siehe Kasten, S. 13)

Die gewaschen und getrockneten Beeren mit der Zitronenschale, der Hälfte des Zuckers, den Gewürzen und der Hälfte des Wassers in einen Topf geben (*Bild* 1). Langsam unter Rühren erhitzen, um den Zucker aufzulösen, und 10 Minuten köcheln lassen.

Nebenher den übrigen Zucker in einem kleinen Topf mit 125 ml Wasser langsam unter Rühren aufkochen, bis sich der Zucker aufgelöst hat.

Auf schwacher Hitze um ein Drittel reduzieren. Achtung: Nicht zu lange einkochen lassen, da sonst der Sirup karamellisiert. Den Zuckersirup in den Topf mit den Beeren gießen und verrühren (*Bild* 2).

Die Mischung durch ein feines, mit einem Baumwolltuch ausgelegten Sieb geben und über einer Schüssel abtropfen lassen (*Bild* 3).

Nach dem Abkühlen in einen Messbecher umfüllen. Die Menge überprüfen und, wenn nötig, mit kochendem Wasser auf 400 ml auffüllen.

Vor dem Abfüllen die sterilen Flaschen mit warmem Wasser auswaschen, dann mithilfe eines Trichters mit Sirup befüllen. Dabei oben im Flaschenhals 2 cm Platz lassen (*Bild* 4). Sorgfältig verschließen.

Herstellung & Aufbewahrung: Im Spätsommer zubereiten. Hält sich im Kühlschrank 3–6 Monate. Ansonsten sofort konsumieren oder pasteurisieren (siehe Kasten, S. 13).

1

2

3

4

Carey-Apfelsaft

Der Bioapfelhof Carey Organic befindet sich am Ende einer langen, kurvigen Allee, im ländlichen Herzen Herefordshires, nicht weit entfernt vom River Wye. Dieses Rezept basiert auf der dortigen Produktionsmethode von Martin Soble, einschließlich seines Tipps, des Geschmacks wegen neben den Tafeläpfeln auch 20 Prozent Kochäpfel zu verwenden.

Ergibt 4,5 Liter

12 kg reife Tafeläpfel

3 kg reife Kochäpfel wie z.B. Bramley

1 ordentliche Prise Ascorbinsäure

Außerdem

Apfelmühle und Korb- oder ähnliche Apfelpresse (siehe S. 76), siehe auch Kasten rechts

sterilisierter Eimer (siehe Kasten, S. 13)

Alle Gerätschaften mit heißem Seifenwasser waschen, abspülen und trocknen lassen oder mit einem sauberen Tuch abtrocknen.

6 sterilisierte grüne 750-ml-Glasflaschen mit Schraubverschluss (siehe Kasten, S. 13)

Die Äpfel verlesen, schimmelige aussortieren und schlechte Stellen sowie Druckstellen wegschneiden. Die Apfelmühle über der Presse positionieren. Die Äpfel am Stück (mit Schale und Kernen) in die Mühle geben. Besonders große Exemplare eventuell halbieren. Die gehäckselten Apfelstücke fallen dann direkt in die Presse. Wenn sie voll ist, die Äpfel fest zusammendrücken (siehe S. 76). Den Saft herauspressen und in einem sauberen Eimer auffangen. Die Ascorbinsäure hinzufügen und umrühren.

Die sterilisierten Flaschen mit warmem Wasser ausspülen. Mithilfe eines Trichters bis 2 cm unter den Rand befüllen. Sorgfältig verschrauben.

Herstellung & Aufbewahrung: Im Spätsommer und Herbst zubereiten. Im Kühlschrank einige Tage haltbar, sonst pasteurisieren.

Tipp: Wer keine Obstmühle hat, kann die Äpfel auch in kleine Stücke schneiden. Eine Küchenmaschine funktioniert leider nicht gut, weil die Äpfel dabei zu Brei werden. Ich habe festgestellt, dass man für Apfelsaft wirklich eine anständige Saftpresse braucht. Alternativ können Sie sich natürlich auch an einen traditionellen Mostereibetrieb wenden und anfragen, ob die vielleicht die Äpfel für Sie pressen.

Prohibitions-„Most"

Während der Prohibition im frühen 20. Jahrhundert ersetzte die Apfelsaftproduktion die traditionelle Apfelmostherstellung der Farmen. Schlaue Bauern nannten ihren Saft einfach weiterhin „Cider", also Apfelmost. Bis heute denken viele Amerikaner beim Wort „Cider" an ein nichtalkoholisches Getränk. Aus diesem Grund wird in den Vereinigten Staaten zwischen „Cider" (reinem Apfelsaft) und „hard Cider" unterschieden – Apfelmost wie wir ihn kennen und lieben. Rezepte für Most finden Sie im Bier, Apfel- & Birnenmost-Kapitel (siehe S. 76). Das Rezept hier bezieht sich auf reinen Apfelsaft.

Gutes Obst ergibt guten Saft

Während die Auswahl der Früchte eine große Rolle spielt, sind auch Vielfalt, Reife und Zustand nicht zu vernachlässigen. Martin Soble von Carey Organic formuliert es so: „Wenn Sie Ihre Äpfel nicht mehr würden essen wollen, hat es auch keinen Sinn, Saft daraus zu machen." Die Äpfel müssen schön ausgereift sein, um einen guten Geschmack und Saftertrag zu liefern. Überreifes Obst wird beim Mahlen gerne zu Mus, wodurch es nach dem Abfüllen Probleme mit dem Saft gibt. Beim Häckseln sollten kleine, saubere Fruchtstückchen entstehen. Während Äpfel mit Druckstellen, Schimmel oder anderen Schäden nicht verwendet werden sollten, beeinflussen kleine Pilzflecken auf der Schale den Saft nicht. Fallobst sollte so schnell wie möglich entsaftet werden, bevor die Druckstellen anfangen zu gären.

Wenn wir zum Kochen/Backen Äpfel schälen und klein schneiden, fügen wir Zitronensaft hinzu, damit sie nicht braun werden. Kleine Mengen Ascorbinsäure (Vitamin C), etwa 0,5 Prozent Volumenanteile (grob ein Teelöffel pro Eimer) können frischem Saft aus demselben Grund beigemischt werden. Der Saft sollte gleich nach dem Pressen in grüne Glasflaschen abgefüllt werden, um weitere Oxidation zu vermeiden. Die Flaschen sollten sorgfältig pasteurisiert werden (siehe Kasten, S. 13).

Vin cotto balsam

Dieser alte italienische Landsirup ist in Apulien wohlbekannt. Für seine Herstellung wird die erste Pressung des *mosto* (Traubenmaische für Wein) stundenlang gekocht, bis sie zu einem melasseähnlichen Sirup eingedickt ist. Absolut köstlich! Man kann ihn zu Hause zubereiten, indem Trauben oder Feigen von Hand zerdrückt werden und der Saft dann zu Sirup gekocht wird. Zu Zeiten der Römer verwendete man *vin cotto balsam* anstelle von Zucker. Heute werden damit hauptsächlich Keksspezialitäten, Eiscreme und Getränke gesüßt. Wenn der *vin cotto* abgelagert ist, kann man mit ihm wie mit Balsamico Käse, Risotto und Wildgerichte verfeinern. Wenn Sie eigenen Wein haben, dann setzen Sie ruhig gleich größere Mengen an. Falls nicht, starten Sie am besten mit 2 l reinem Traubensaft.

Ergibt 100-200 ml

3 kg sehr süße Trauben, rot oder weiß

Außerdem

Filterbeutel, heiß durchgespült

1 sterilisierte 200-ml- oder 2 100-ml-Flaschen mit Schraubverschluss (siehe Kasten, S. 13)

Die Trauben in eine große flache Schüssel geben. Mit einem Kartoffelstampfer oder den Händen zu feinem Brei zerquetschen. Über Nacht stehen lassen, damit noch mehr Saft austritt, dabei ab und an durchstampfen.

Die Trauben mit den Händen auspressen, um so viel Saft und Fruchtfleisch wie möglich von der Schale zu lösen. Den Traubenbrei dann in einen heiß durchgespülten Filterbeutel (siehe Kasten, S. 21) umfüllen, diesen über einen Edelstahltopf hängen und warten, bis keine Flüssigkeit mehr heraustropft. Bei der Verarbeitung großer Mengen den Großteil der Traubenschalen entsorgen, bevor das Fruchtfleisch in den Beutel gefüllt wird.

Wenn der Traubensaft nicht mehr tropft, den Inhalt des Beutels entsorgen und den Topf mit dem Saft auf kleinstmöglicher Stufe auf dem Herd erhitzen. So langsam wie möglich kochen, eine Stunde oder länger, bis der vin cotto dickflüssig, süß und sirupartig ist. Nach dem Abkühlen mithilfe eines Trichters in die Flaschen abfüllen. Dabei oben im Flaschenhals 2 cm Platz lassen. Sorgfältig verschließen und kühl aufbewahren.

Herstellung & Aufbewahrung: Im Herbst zur Traubenernte herstellen. Unbegrenzt haltbar.

Variation: Sirup aus getrockneten Feigen. Kindern wurde Feigensirup früher gerne als Heilmittel gegen allerlei Wehwehchen verabreicht. Dazu die Feigen in kaltes Wasser einweichen. Dann langsam erhitzen und so lange kochen, bis Feigen und Wasser zu einer dünnflüssigen Paste werden. Danach weiter verfahren wie oben beschrieben.

Hagebuttensirup

Hagebuttensirup war aus dem Medizinschränkchen unserer Urgroßmütter nicht wegzudenken. Kleinen Kindern wurde er täglich löffelweise verabreicht, und auch Erwachsene nahmen ihn gegen alle möglichen Beschwerden ein. Heute weist die moderne Wissenschaft nach, was unsere Großmütter intuitiv wussten: nämlich, dass Hagebutten eine starke entzündungshemmende Wirkung haben.

Ergibt 500 ml	Außerdem
350 g Hagebutten	Flotte Lotte (Passiergerät) oder Fleischwolf
1 l Wasser	Filterbeutel, heiß durchgespült
350 g Zucker	1 sterilisierte 500-ml- oder mehrere kleine Flaschen mit Schraub- oder Bügelverschluss (siehe Kasten, S. 13)
1 TL Zitronensäure	

Die Hagebutten mit einem Fleischwolf oder einer Flotten Lotte grob zerquetschen. In einen Topf geben, mit 500 ml kochendem Wasser bedecken und wieder aufkochen. Etwa 1 Stunde stehen lassen. Danach in eine Schüssel abseihen. Den Saft mit einem sauberen Tuch abdecken, die zerquetschten Hagebutten wieder in den Topf geben, weitere 500 ml Wasser hinzufügen, aufkochen und wieder abkühlen lassen. Über Nacht im Topf lassen.

Am nächsten Tag die Flüssigkeit abseihen, die Fruchtreste entsorgen und beide Säfte in einen Topf geben. Den Zucker und die Zitronensäure hinzufügen und auf kleiner Flamme 5 Minuten unter Rühren köcheln lassen, bis sich der Zucker aufgelöst hat.

Die Flüssigkeit durch ein feines Sieb geben oder – noch besser – in einem heiß durchgespülten Filterbeutel über einer großen Schüssel abtropfen lassen (siehe Kasten, S. 21). Nach dem Abkühlen in einen Messbecher umfüllen, die Menge überprüfen und, falls nötig, mit kochendem Wasser auf 500 ml auffüllen.

Vor dem Abfüllen die sterilen Flaschen mit warmem Wasser auswaschen, dann mithilfe eines Trichters mit Sirup befüllen. Dabei oben im Flaschenhals 2 cm Platz lassen. Verschließen.

Herstellung & Aufbewahrung: Im Spätsommer oder frühen Herbst zubereiten. Hält sich im Kühlschrank 3–6 Monate. Ansonsten sofort konsumieren oder pasteurisieren (siehe Kasten, S. 13).

Foto rechts: Vin cotto balsam (links) und Hagebuttensirup

Für die ganze Familie

Alkoholfreie Getränke
mit Kohlensäure

Alkoholfreie Getränke mit Kohlensäure

Nichtalkoholische Sprudelgetränke können auf verschiedene Weise hergestellt werden: Indem man die wilde Hefe nutzt, die sich auf bestimmten Blumen findet, durch Zugabe von Backhefe, kohlensäurehaltigem Wasser oder indem man eine Mischung aus Weinsteinpulver, Zitronensäure und Puderzucker hinzufügt.

Wilde Hefe produziert einen leichten, weichen Schaum, der sich in einer Flasche bis zu einem Jahr lang hält. Diese sommerlichen Drinks basieren auf Holunderblüten-„Champagner", der in Großbritannien eine lange Tradition hat. Verwenden Sie stets nur ungespritzte Blüten aus dem Garten! Bei Blüten, bei denen Sie sich nicht sicher sind, können Sie Sterilisationsmittel nach Anleitung des Herstellers verwenden.

Andere Sprudelgetränke können mithilfe frischer oder trockener Backhefe hergestellt werden. Dadurch entsteht eine trübe, „altmodische" Flüssigkeit wie Limonade oder Ingwerbier. Es gibt auch rustikale Varianten mit Brennnesseln, Löwenzahnblättern und Ähnlichem, die früher nicht nur als erfrischendes Getränk, sondern auch als Stärkungsmittel, Arznei oder Allheilmittel zum Einsatz kamen. Deren ungewöhnlichen Geschmack mag man entweder sehr gern oder gar nicht. Auch hier gib es wieder viel Spielraum für Experimente, aber verwenden Sie keinesfalls mehr Hefe als empfohlen (siehe Kasten unten), vor allem, wenn Sie Frucht- oder Blütensirup, der noch aktive natürlich Hefen enthalten kann, mit Backhefe versetzen. Generell halten sich alle diese Getränke im Kühlschrank gut einen Monat lang, schmecken aber oft zwei Tage bis zwei Wochen am besten.

Die einfachste Methode ist natürlich, einen extrastarken Sirup mit Mineralwasser mit viel Kohlensäure zu verdünnen. Diese Sprudelgetränke sollte man noch am selben Tag konsumieren, vor allem, wenn sie in einer Glasflasche angemischt werden.

Getränke mit Kohlensäure sind noch erfrischender und attraktiver als ihre stillen Verwandten. Früher hat man Bittersalz zugegeben, um sie zum Sprudeln zu bringen, aber denselben Effekt erzielen Sie mit einer Mischung aus Natron, Puderzucker und Zitronensäure. Sie können also mit einer Mischung aus 22,5 g (1 ½ gestrichene EL) Natron, 13 g (3 gestrichene TL) Zitronensäurekristalle und 7,8 g (1 gestrichener EL) Puderzucker 2 l Flüssigkeit zum Sprudeln bringen. Fügen Sie pro Glas einen halben Teelöffel des Pulvers hinzu.

Warnung!

Die Herstellung von Sprudelgetränken mit Hefe kann gefährlich sein. Ich habe zum Beispiel mal eine große Flasche Brombeer-Limonade angesetzt, bin einige Tage verreist, und als ich wiederkam, war die Plastikflasche explodiert und hatte ihren Inhalt überall verteilt. Ich rate Ihnen deshalb, Hefegetränke nur in einer dickwandigen Plastikflasche und keinesfalls in einer dünnen Einwegflasche zuzubereiten.

Um die natürliche Hefe in Blüten zu nutzen, immer Plastik-, keine Glasbehälter benutzen und nie mehr Blüten verwenden als im Rezept angegeben, da dies die Kohlensäuremenge erhöht. Abfüllung in Plastikflaschen führt dazu, dass sich die Flasche verformt, wohingegen Glas zerspringen würde. Eine Plastikflasche fühlt sich hart an, wenn sich innen der Druck aufbaut, und Sie sollten diesen langsam entweichen lassen, indem Sie den Deckel eine Viertelumdrehung öffnen und dann wieder verschließen.

Nach der Zubereitung müssen Sprudelgetränke in ihren Plastikflaschen 48 Stunden reifen, bevor sie in Glasflaschen oder Krüge umgefüllt oder direkt konsumiert werden können. Falls sie jedoch nicht sofort verwendet werden sollen, am besten in den Plastikflaschen lassen und täglich die Viertelumdrehungsregel befolgen wie im Rezept angegeben.

Foto gegenüber: Fenchelblüten-„Prosecco"

Gegenüber: Fenchelblüten-„Prosecco"

Fenchelblüten-„Prosecco"

Falls in Ihrem Garten wilder Fenchel wächst, kennen Sie die feinen, weichen, gelben Blütenstände, die im Sommer Bienen und andere Garteninsekten anlocken. Der zarte Duft der
Blüten erinnert an Anis. Wenn Sie Sambuca und Pernod mögen sowie mit Fenchelsamen
gewürzte Gerichte, dann mundet Ihnen sicher auch dieser „Prosecco". Er ist einfach herzustellen und hält sich 2 Wochen lang. Die Luftblasen sorgen für den leichten spuma (Schaum)
italienischer Sprudelgetränke. Experimentieren Sie ruhig auch mit den duftenden Blüten
anderer Kräuter in Ihrem Garten!

Ergibt 2,5 Liter

6 große Blütenstände, gut ausgeschüttelt

Saft und fein abgeriebene Schale
einer Bio-Zitrone

300 g Zucker

15 ml Weißweinessig

2,5 l kaltes Wasser

Außerdem

2 sterilisierte 1-l- + 1 sterilisierte
500-ml-Plastikflaschen (PET) mit
Schraubverschluss (siehe Kasten, S. 13)

Die Blüten pflücken, wenn sie voll aufgeblüht sind. Mit dem Zitronensaft und der -schale, dem Zucker und dem Essig in eine große Schüssel geben (*Bild* 1, gegenüber).

Das Wasser hinzufügen, umrühren und 24 Stunden stehen lassen
(*Bild* 2, gegenüber).

Einen Trichter mit einem Baumwolltuch auslegen und die Flüssigkeit
in Flaschen abfüllen. Verschließen und 2 Wochen gären lassen. Danach
sollte Ihr Fenchelblüten-„Prosecco" trinkfertig sein.

Herstellung & Aufbewahrung: Im Hoch- oder Spätsommer zubereiten.
Hält sich an einem kühlen Ort bis zu 1 Jahr. Nach dem Öffnen innerhalb weniger Tage konsumieren, bevor die Kohlensäure entweicht.

Foto auch auf S. 47

Holunderblüten-„Champagner"

Diese Köstlichkeit ist einfach und schnell zubereitet. Sie ist leicht und erfrischend, aber sehr süffig und schon wenige Wochen nach der Blütenernte trinkbar. Es heißt, man solle nur Blüten verwenden, die frühmorgens gepflückt wurden, und nie nach dem Regen pflücken, aber ich habe nachmittags welche gesammelt und keine Probleme bekommen. Die Blüten mancher Sorten riechen unangenehm. Diese sollten Sie besser meiden.

Ergibt 5 Liter

3 große Holunderblütendolden, gut geschüttelt, um Insekten loszuwerden

Saft und fein abgeriebene Schale einer Bio-Zitrone

600 g Zucker

30 ml Weißweinessig

5 l kaltes Wasser

Außerdem

5 sterilisierte 1-l-Plastikflaschen (PET) mit Schraubverschluss (siehe Kasten, S. 13)

Die Blüten pflücken, wenn sie voll aufgeblüht sind. In einer sehr großen Schüssel mit dem Zitronensaft, der -schale, dem Zucker und dem Essig mischen. Das Wasser hinzufügen, umrühren und 24 Stunden stehen lassen.

Einen Trichter mit einem Baumwolltuch auslegen und die Flüssigkeit in Flaschen abfüllen. Verschließen und 2 Wochen gären lassen. Danach sollte Ihr Holunderblüten-„Champagner" trinkfertig sein.

Herstellung & Aufbewahrung: Im Frühsommer zubereiten. Hält sich an einem kühlen Ort bis zu 1 Jahr. Nach dem Öffnen innerhalb weniger Tage konsumieren, bevor die Kohlensäure entweicht.

Limonade

Hierbei handelt es sich um eine klassische Methode, um ein kohlensäurehaltiges Zitrusgetränk herzustellen. Verdünnen Sie den Sirup einfach nach Bedarf mit Mineralwasser. Natürlich kann man auch Leitungswasser verwenden und, wie von Fannie Farmer in ihrer Ausgabe des *Boston Cooking-School Cook Book* von 1922 empfohlen, Bittersalz hinzufügen.

Ergibt 1 Liter

250 ml kaltes Wasser

150-200 g Zucker

250 ml frisch gepresster Saft von Zitronen oder anderen Zitrusfrüchten – entspricht grob 6 Zitronen, 7 Limetten, 4 Orangen oder 3 Grapefruits

750 ml Mineralwasser

Außerdem

1-l-Flasche, mit heißem Seifenwasser ausgewaschen

Das kalte Wasser mit 150 g des Zuckers in einem mittelgroßen Topf zum Kochen bringen und 3 Minuten köcheln lassen. Den Fruchtsaft hinzufügen und nochmals kurz erhitzen. Eventuell mit dem restlichen Zucker abschmecken. In einen sauberen Messbecher füllen und abkühlen lassen.

Den erkalteten Sirup mithilfe eines Trichters in eine Flasche füllen und mit Mineralwasser auffüllen. Die Flasche verschließen und kalt stellen. Diese Limonade trinkt man am besten innerhalb 24 bis 48 Stunden. Solange Sie sie nicht länger als ein oder zwei Tage aufbewahren, ist eine Glasflasche unbedenklich.

Herstellung & Aufbewahrung: Mit saftigen Zitrusfrüchten zubereiten. Hält sich einige Tage lang. Konsumieren, bevor die Kohlensäure entweicht. Siehe Warnung (Kasten, S. 46).

Orangeade

In den Fünfzigerjahren war Orangeade ein beliebter Softdrink in den USA und in Cafés auf der ganzen Welt. Es gab dafür sogar einen Heimlieferservice. Damals hatte die Orangeade einen grellen Orangefarbton. Unsere hier sieht deutlich natürlicher aus.

Ergibt 2 Liter

fein abgeschälte Schale und Saft von 5 Bio-Orangen und 1 Bio-Zitrone

220-330 g Würfelzucker, je nach gewünschter Süße

1 TL Weinsteinpulver

2 l kochendes Wasser

2 TL frische Backhefe oder 1 ½ TL Trockenhefe

1 Prise Zucker

4 TL warmes (kein heißes) Wasser

Außerdem

großer Tontopf oder tiefe Schüssel

2 sterilisierte 1-l-Plastikflaschen mit Schraubverschluss (siehe Kasten, S. 13)

Die Orangen- und Zitronenschale samt dem Saft in den großen Tontopf oder die Schüssel (die Tiefe hilft der Hefe beim Gären) geben, den Würfelzucker und das Weinsteinpulver hinzufügen. Heißes Wasser darübergießen, umrühren und etwas abkühlen lassen.

Wenn die Flüssigkeit lauwarm ist, die Hefe und den Zucker mit dem warmen Wasser zu einer Paste verrühren und zur Flüssigkeit geben. Mit einem sauberen Tuch abdecken und 48 Stunden ruhen lassen.

Mit einer Schaumkelle die Oberfläche abschöpfen. In einen großen Krug abseihen, dann mithilfe eines Trichters in Flaschen abfüllen.

Herstellung & Aufbewahrung: Mit saftigen Zitrusfrüchten zubereiten. Hält sich an einem kühlen Ort 2–4 Wochen lang. Nach dem Öffnen in wenigen Tagen konsumieren, bevor die Kohlensäure entweicht. Siehe Warnung (Kasten, S. 46).

Variation: Mit derselben Methode können auch Limetten oder Grapefruits verarbeitet werden.

Foto gegenüber: Limonade (links) und Orangeade

Brennnesselbier

Brennnesselbier ist ein alkoholfreies Getränk mit alkoholisch klingendem Namen. Früher wurde es in großen Mengen als Tonikum und als Erfrischung bei der Heuernte hergestellt. Wie viele hausgemachte Getränke ist sein Geschmack fein, aber gewöhnungsbedürftig und erinnert ein wenig an Bier. Es ist aber überhaupt nicht süß, sondern sehr erfrischend und durstlöschend. Brennnesseln werden wegen ihrer Heilwirkung schon lange geschätzt, außerdem enthalten sie massenhaft Vitamine, Mineralstoffe, Eisen und Kalzium. Sie helfen bei Rheuma und Arthrose, kommen aber auch bei Allergien, Blutarmut und Nierenkrankheiten zum Einsatz.

Ergibt 4-5 Liter

500 g Brennnesseln

5 l kaltes Wasser

100 g brauner Zucker

7,5 g frische Backhefe

Außerdem

Sterilisationsmittel für Babyfläschchen, nach Anleitung des Herstellers zubereitet

5 sterilisierte 1-l-Plastikflaschen (PET) mit Schraubverschluss (siehe Kasten, S. 13)

Sammeln Sie eine Plastiktüte voll ausgewachsener Brennnesseln (Handschuhe tragen!). Die Blätter von den Stängeln streifen und in einer großen Schüssel in die Sterilisationsflüssigkeit tauchen.

Die Brennnesselblätter abspülen und abtropfen lassen. Mit dem Wasser in einem großen Topf zum Kochen bringen und 45 Minuten köcheln lassen.

Den Zucker hinzufügen und rühren, bis er sich aufgelöst hat (*Bild* 1). Durch ein mit einem Tuch ausgelegtes Sieb in eine große Schüssel abseihen und auf etwa 30 °C abkühlen lassen (*Bild* 2).

Die Hefe hineinkrümeln (*Bild* 3), mit einem sauberen Tuch abdecken. Die Hefe 48 Stunden gären lassen. Mit einer Schaumkelle den Schaum abschöpfen und die Flüssigkeit mithilfe eines großen Kruges und Trichters in Flaschen abfüllen. Verschließen und vor dem Trinken einige Tage lagern.

Herstellung & Aufbewahrung: Im Sommer und Herbst zubereiten. Hält sich an einem kühlen Ort 4–8 Wochen. Nach dem Öffnen in wenigen Tagen konsumieren, bevor die Kohlensäure entweicht.

Lavendel-Spritz

Lavendel duftet so wunderbar anhaltend, wenn man auf dem Weg durch den Garten an einem Busch vorbeistreift. Da ist es verlockend, diesen Duft für die Herstellung von Keksen und Kuchen einfangen zu wollen. Sie können den Lavendelsirup als Basis im Vorfeld zubereiten und im Kühlschrank aufbewahren.

Ergibt 2 Liter

Lavendelsirup

50 g Lavendelblüten

400 g gesiebter Puderzucker

Saft von 2-3 Zitronen

50 ml lauwarmes abgekochtes Wasser, wenn nötig

Spritz

200 ml Lavendelsirup

2 l Mineralwasser mit viel Kohlensäure

Außerdem

1 sterilisierte 200-ml-Glasflasche mit Bügelverschluss für den Sirup (siehe Kasten, S. 13)

2 sterilisierte 1-l-Glasflaschen mit Bügelverschluss für den Spritz

Den Lavendel in eine schwere Schüssel geben, den Puderzucker hinzufügen (*Bild* 1). Mit dem Saft zweier Zitronen zu einer Paste verarbeiten (*Bild* 2), dabei die Blüten mit einem Löffel oder Kartoffelstampfer zerdrücken. Abgedeckt über Nacht stehen lassen.

Am nächsten Morgen die Paste umrühren und, falls sie zu hart ist, den Saft einer dritten Zitrone unterrühren. In einen kleinen Topf umfüllen und bei schwacher Hitze erwärmen, bis sich der Zucker aufgelöst hat. Dabei ständig rühren (*Bild* 3). Nicht zu lange kochen, da die Paste sich sonst verfärbt. In ein feines Sieb geben und über einer Schüssel abtropfen lassen (*Bild* 4). Wenn keine Flüssigkeit mehr heraustropft, umrühren.

Der Sirup sollte eingedickt, aber noch flüssig sein (*Bild* 5). Falls sich auf der Oberfläche Kristalle gebildet haben, etwas lauwarmes abgekochtes Wasser unterrühren. Abmessen und in Flaschen abfüllen.

Für den Spritz einfach 100 ml Lavendelsirup in einer 1 l Flasche mit Bügelverschluss mit Mineralwasser mischen und innerhalb von 24 Stunden konsumieren (*Bild* 6).

Herstellung & Aufbewahrung: Kann den ganzen Sommer über zubereitet werden. Hält sich im Kühlschrank bis zu 1 Jahr. Nach Zusatz des Wassers sofort trinken. Siehe Warnung (Kasten, S. 46).

Vorherige Seiten: Lavendel-Spritz

4

5

6

Ingwerbier

Selbstgemachtes Ingwerbier erinnert sofort an die Zeiten, als zur Ernte noch die ganze Familie auf dem Feld mit angepackt hat, nicht nur der Bauer und seine Angestellten. Und sobald die Arbeit getan war, warteten auf dem Hof ein leckerer Kuchen, belegte Brote und Ingwerbier, um den Staub des Tages hinunterzuspülen.

Ergibt 2–3 Liter

½ Bio-Zitrone

20–50 g frische Ingwerwurzel, je nach Geschmack

2 l kochendes Wasser

250 g Würfelzucker

1 ½ TL Weinsteinpulver

10 g frische Backhefe

1 TL Zucker

Außerdem

Tongefäß, sehr tiefe Schüssel oder großer Edelstahltopf

3 sterilisierte 750-ml-Plastikflaschen (PET) mit Schraubverschluss (siehe Kasten, S. 13)

Die Zitronenschale dünn mit einem Kartoffelschäler abschälen, dabei die weiße Haut nicht abschälen. Den Saft auspressen, abseihen und beiseite stellen. Die Ingwerwurzel mithilfe eines Kartoffelstampfers zerquetschen.

Das kochende Wasser in ein Tongefäß, eine sehr tiefe Schüssel oder einen großen Edelstahltopf geben, den zerquetschten Ingwer, den Würfelzucker, das Weinsteinpulver, die Zitronenschale und den -saft hinzufügen und abkühlen lassen, bis das Ganze lauwarm ist.

Die Hefe und den Zucker zu einer Paste verrühren und zu den anderen Zutaten geben. Gut umrühren. Die Schüssel auf ein Tablett stellen für den Fall, dass etwas über den Rand schwappt, und über Nacht stehen lassen.

Am Morgen, wenn nötig, die Oberfläche des Ingwerbiers mit einer Schaumkelle abschöpfen, dann die Flüssigkeit in einen großen Krug abseihen und mit einem Trichter in Flaschen abfüllen. Die Deckel aufschrauben. Das Ingwerbier ist fertig, wird aber nach 2 Tagen Lagerung im Kühlschrank noch besser. Vorsichtig öffnen, da es gerne mal schäumt!

Herstellung & Aufbewahrung: Kann das ganze Jahr über zubereitet werden. Hält sich an einem kühlen Ort bis zu einer Woche. Nach dem Öffnen innerhalb weniger Tage konsumieren, bevor die Kohlensäure entweicht.

Mays Löwenzahn-Ingwer-Lakritz-Bier

Bei meinem Besuch bei Brian Fowler (siehe S. 85) bin ich auf Mays Rezept für Löwenzahn-Bier gestoßen. Es befand sich in einem Album mit Familienrezepten, das sie als junges Mädchen angelegt hatte. Es handelt sich um einen wunderbaren Durstlöscher. Jüngste Forschungen platzieren den Löwenzahn unter die Top Vier der grünen Gemüse. Die Liste seiner heilenden Qualitäten ist so beachtlich, dass man ihn versuchsweise bei allen Beschwerden einsetzen kann.

Ergibt 5 Liter

15 g Süßholzwurzel

15 g Ingwerwurzel

25 g frische Löwenzahnblätter

25 g frischer Hopfen oder
10–15 g getrockneter Hopfen

5 l Wasser

750 g brauner Zucker

10 g frische Backhefe oder
1 ½ TL Trockenhefe

Außerdem

kleiner Stoffbeutel

Tongefäß oder sehr große Schüssel

3 sterilisierte 1,5-l-Plastikflaschen und
1 sterilisierte 1-l-Plastikflasche (PET)
mit Schraubverschluss
(siehe Kasten. S. 13)

Die Süßholzwurzel und den Ingwer mit einem Kartoffelstampfer zerquetschen. Die Blätter, den Hopfen, das Süßholz und den Ingwer in einen kleinen Baumwollbeutel stecken und an den Griff eines großen Topfes binden. Das Wasser hinzufügen. Zum Kochen bringen und 5 Minuten köcheln lassen. In den Tontopf oder die große Schüssel abseihen, den Zucker hinzufügen und alles auf etwa 30 °C abkühlen lassen. Die Hefe hinzugeben, gut verrühren und 12 Stunden stehen lassen, dann in Flaschen abfüllen.

Herstellung & Aufbewahrung: Vom Frühjahr bis in den Herbst hinein zubereiten. Hält sich an einem kühlen Ort 6–8 Wochen. Nach dem Öffnen innerhalb weniger Tage konsumieren, bevor die Kohlensäure entweicht.

Cranberry-Fizz

Zu festlichen Anlässen ist dieser farbenfrohe Drink eine wunderbare Alternative für alle, die auf Alkohol verzichten wollen. Das Obst im Rezept kann je nach Jahreszeit abgewandelt werden – Rhabarber im Frühling, weiche Früchte und Kirschen im Sommer und Brombeeren im Herbst.

Ergibt 2 Liter

500 g Cranberrys

fein abgeriebene Schale und Saft von 1 Bio-Zitrone

fein abgeriebene Schale und Saft von 1 Bio-Orange

300 g Würfelzucker

1 TL Weinsteinpulver

2 l kochendes Wasser

2 TL frische Backhefe oder 1 ½ TL Trockenhefe

1 Prise Zucker

4 TL warmes (kein heißes) Wasser

Außerdem

großes Tongefäß oder tiefe Schüssel

Flotte Lotte (Passiergerät) oder Fleischwolf

2 sterilisierte 1-l-Plastikflaschen (PET) mit Schraubverschluss (siehe Kasten. S. 13)

Die Beeren in den Tontopf oder die tiefe Schüssel geben und mit einem Kartoffelstampfer zerkleinern – oder, noch besser, durch eine Flotte Lotte oder den Fleischwolf drehen. Die Zitrusschale und den -saft, den Würfelzucker und das Weinsteinpulver hinzufügen. Mit kochendem Wasser übergießen, umrühren und auf etwa 30 °C abkühlen lassen.

Wenn die Flüssigkeit genug abgekühlt ist, die Hefe und den Zucker mit dem warmen Wasser zu einer Paste verrühren und unter die Flüssigkeit mischen. Mit einem sauberen Tuch abgedeckt 48 Stunden stehen lassen.

Mit einer Schaumkelle die Oberfläche abschöpfen, dann in einen großen Krug abseihen und mit einem Trichter in Flaschen abfüllen.

Herstellung & Aufbewahrung: Im Winter zubereiten. Hält sich an einem kühlen Ort 2–4 Wochen. Nach dem Öffnen innerhalb weniger Tage konsumieren, bevor die Kohlensäure entweicht. Siehe Warnung (Kasten, S. 46).

Wieder auf der ganzen Welt beliebt

Bier, Apfel- & Birnenmost

Fehlersuche!

Manchmal läuft der Gärprozess nicht nach Plan ab. Falls sich nach ein paar Tagen immer noch kein Schaum auf der Oberfläche der Würze (siehe Glossar, S. 196) gebildet hat, im Gärverschluss keine Aktivität zu beobachten ist oder sich kein charakteristischer Gärgeruch einstellt, bedeutet das, dass die Hefe nicht angefangen hat zu gären. Das kann viele verschiedene Ursachen haben.

- Wenn Gärverschluss und/oder Gärbehälterdeckel nicht richtig abgedichtet sind, gärt zwar vielleicht die Würze, aber das Kohlendioxid entweicht durch die kaputte Dichtung. Einfach den Deckel abnehmen und die Würze auf Anzeichen der Fermentation untersuchen: z.B. Kondensation innen am Deckel, Schaum/Luftblasen auf der Oberfläche der Würze und/oder eine Schaumringablagerung an der Seitenwand des Behälters über der Würze. Die kaputte Dichtung reparieren und sicherstellen, dass der Deckel fest zugeschraubt ist.

- Hefe braucht bestimmte Bedingungen, um sich zu vermehren, bevor sie Zucker in Alkohol und CO_2 aufspalten kann. War die Würze zu kalt, kann es sein, dass die Hefe noch inaktiv ist oder nicht schnell genug arbeitet. Stellen Sie den Gärbehälter an einen wärmeren Ort (18–23 °C) und akti-

vieren Sie die Hefe, indem Sie die Würze mit einem sterilen Löffel (siehe Glossar, S. 196) umrühren. Zu hohe Temperatur (über 35 °C) tötet die Hefezellen ab oder hemmt ihre Teilung, was langsame oder gar keine Gärung zur Folge hat. Stellen Sie den Gärbehälter an einen kühleren Ort. Wenn die Würze auf 18–23°C abgekühlt ist, ein weiteres Tütchen Hefe unterrühren.

- Trockenhefe ist nur begrenzt haltbar und verliert im Lauf der Zeit oder wenn sie Luft oder Feuchtigkeit ausgesetzt ist ihre Wirksamkeit. Achten Sie auf das Haltbarkeitsdatum und auf unbeschädigte Verpackung der Trockenhefe. Bewahren Sie die Hefebeutel an einem kühlen, trockenen Ort auf. Überprüfen Sie das Datum, und wenn Sie vermuten, dass Ihre Hefe zu alt war, einfach den Inhalt eines weiteren Tütchens unterrühren, um den Gärprozess in Gang zu setzen.

- Haben Sie die Hefe vergessen? Das kann durchaus mal vorkommen! Wenn Sie unsicher sind, eine weitere Portion unterrühren und von vorne beginnen.

- Ist der Gärprozess abgeschlossen? Messen Sie mit der Bierspindel den Restzuckergehalt (siehe Glossar, S. 196) und prüfen Sie, ob die nächste Entscheidung ansteht: Flasche oder Druckfass?

Bier

Selber Bier zu brauen wird, ähnlich wie das Mosten, immer beliebter. Jahrelang sah es so aus, als befände sich die Brauindustrie in den Händen riesiger internationaler Konzerne, die Biere produzierten, die zwar akzeptabel waren, aber wenig Charakter besaßen. Nach und nach wurden jedoch die Stimmen der anspruchsvollen Biertrinker lauter, die Biere mit echtem Geschmack forderten. So entstand wie durch ein Wunder die Mikrobrauereibewegung. Wie Pilze schossen Mikrobrauereien auf beiden Seiten des Atlantiks aus dem Boden, und auf einmal wurden auch die großen Brauereien aufmerksam. Brauer aus Nordamerika reisten nach Europa, um herauszufinden, was dort so los war, und entdeckten die große Most-Revolution (siehe S. 70).

Bier unterscheidet sich von den meisten anderen Getränken in diesem Buch, denn – abgesehen von einigen Grünhopfenbieren, die mit frisch geerntetem Hopfen gebraut werden – ist es jahreszeitenunabhängig. Daher kann Bier jederzeit gebraut werden. Man verwendet dazu eine spezielle Kombination von gemälzter Gerste, Wasser, Brausalzen, Trockenhopfen und Hefe. Die meisten Biere kann man, im Gegensatz zu Wein und Likör, fast sofort trinken, da sie durch lange Lagerung nicht besser werden.

Einer der Gründe, weshalb Bier weltweit gebraut und getrunken wird, ist neben seiner Süffigkeit die Tatsache, dass es aus vielen verschiedenen kohlehydrathaltigen Grundnahrungsmitteln hergestellt werden kann, wie z.B. aus Kartoffeln, Reis, Weizen, Mais und Gerste. Diesen Vorteil machen sich Brauer oft zunutze.

Ein Anfang Ohne Bier wäre ein Buch über hausgemachte Getränke unvollständig, aber wir können hier leider nicht in die Tiefe gehen. Ich habe viele Mikrobrauereien besucht und mich sowohl mit erfahrenen Hobbybrauern als auch mit Profis unterhalten, und sie sagen alle dasselbe: „Fangen Sie mit einem guten Starterset an." Deshalb tun wir auf diesen Seiten genau das und befolgen dabei die Regeln, die ich im Laufe der Jahre gelernt habe.

Es gab eine Zeit, da braute jeder Haushalt noch selbst. Daher könnte man annehmen, dass es gar nicht schwierig ist, ein anständiges Bier zu brauen. Das mag für den talentierten Hobbybrauer gelten, aber moderne Brautechniken haben die heutigen Biere enorm verfeinert und ihre Genießer wählerischer gemacht. Vermutlich wären viele der Biere von einst heute nicht mehr sonderlich beliebt.

Hobbybrausets enthalten in konzentrierter Form alles, was Sie brauchen. Vor allem ist der schwierige erste Schritt, bei dem Stärke in fermentierbaren Zucker verwandelt wird, bereits vollzogen. Wenn Sie ohne großen Aufwand ein wohlschmeckendes alkoholisches Getränk herstellen wollen, dann ist das sicher der beste Weg.

Wollen Sie den Geschmack Ihres Bieres aber nicht dem Hersteller überlassen, sondern selber mehr Einfluss haben, dann können Sie das Rezept des Sets ergänzen. Experimentieren Sie je nach Geschmack und Kreativität mit dem Zusatz von Fruchtsäften, Gewürzen und anderen Aromen (siehe Kasten, S. 68).

Falls Sie aus Getreide selbst brauen wollen, würde ich Ihnen entsprechende Fachliteratur zum Thema empfehlen.

Wayne's World: Brauwissen vor Ort

Läden für Brauereizubehör sind das Äquivalent zu Hobby-Weingärtner-Vereinen und Ähnlichem. Dort finden Sie garantiert jemanden, der mit viel Geduld, Leidenschaft und Erfahrung die verschiedenen Themen rund ums Selberbrauen mit Ihnen bespricht. Jemand, der Ihnen die richtigen Tipps geben kann, falls mal was schief geht.

Wayne Sosna ist der Hobbybrauexperte im Baumarkt bei mir am Ort. Er war für meine Recherche der letzten zwei Jahre absolut unverzichtbar. Suchen Sie doch einfach mal ein solches Geschäft auf, statt im Internet nachzusehen. Sie werden vielleicht überrascht sein, dass es bei Ihnen in der Nähe eines gibt, wo Sie alles Nötige erwerben können – und dazu noch freundlich beraten werden.

Bier auf Woodforde-Art brauen

Mithilfe eines Brausets ist Bierbrauen ein Kinderspiel. Eine fertige Dose mit Malzextrakt spart viel Arbeit im Brauprozess. Wählen Sie eine hochwertige Marke, die eine gute Auswahl an Startersets für alle klassischen Biersorten bietet. Suchen Sie für sich das Passende aus und befolgen Sie die Anweisungen. Sie können diese Zutaten entweder als Teil eines Mikrobrauerei-Sets erwerben, in dem die anderen Gerätschaften mit enthalten sind – vom Gäreimer bis zum langstieligen Rührlöffel – oder nur die Zutatenkiste mit einigen Dosen, Trockenhefebeuteln und der Anleitung.

Woodforde's Nog

Die Woodforde Startersets (im Internet erhältlich) werden von Muntons hergestellt, mit genau denselben Malz- und Hopfenrezepten wie sie die Brauerei verwendet. Sie können selbst entscheiden, ob Sie in Flaschen oder in ein Druckfass abfüllen. Bei letzterem können Sie Ihr Bier verkosten, wann immer Ihnen danach ist.

Ergibt 23 Liter

Bierbrau-Set mit 2 Dosen konzentrierter Würze – gehopftem Malzextrakt – plus 1 Beutel Hefe, ganz ähnlich der in der Brauerei verwendeten (siehe Glossar*)

Zucker, zur Nachgärung

3,5 l kochendes Wasser

19,5 l kaltes Wasser

Außerdem

Sterilisationsmittel (siehe Kasten, S. 13)

23-Liter Gäreimer mit Deckel

langstieliger Löffel

Siphon (Plastikschlauch)

Aräometer

Druckfass (siehe Glossar*) oder 46 x 500-ml-Mehrweg-Glasflaschen mit Bügel- oder Kronkorkenverschluss (siehe Kasten, S. 73)

Zuvor alle Gerätschaften sterilisieren (siehe Kasten, S. 13) und die Dosen aus dem Set 5 Minuten in heißes Wasser legen.

Die Dosen öffnen und die konzentrierte Würze in den Gäreimer gießen. Manche Brausets verlangen an dieser Stelle die Zugabe von Zucker, dieses jedoch nicht.

3,5 l kochendes Wasser zugeben. Beim Umrühren darauf achten, dass nichts auf die Hände spritzt. Die Würze mit kaltem Wasser auf 23 Liter auffüllen und erneut durchmischen, damit sich der Inhalt vollständig auflöst.

Die Hefe darüberstreuen, umrühren und mit dem Deckel verschließen. 6–10 Tage an einen warmen Ort stellen, ideal sind 18–20 °C. Den Restzucker mithilfe Aräometer/Bierspindel (siehe Glossar*) überprüfen. Wenn er dauerhaft unter 1014 bleibt, ist der Gärprozess bei diesem kräftigen, feinherben Bier abgeschlossen (siehe Kasten, S. 70).

Um das Bier nachgären zu lassen und ihm etwas natürlichen Glanz zu verleihen, pro Flasche vor dem Verschließen ½ TL Zucker zugeben oder bis maximal 80 g bei einem Druckfass. Zwei Tage warm stellen, um die Nachgärung anzukurbeln, dann vor dem Trinken 14 Tage kühl lagern.

Herstellung & Aufbewahrung: Kann das ganze Jahr über gebraut werden. Das Druckfass hält nach Anbruch ungefähr einen Monat, sollte aber sicherheitshalber überprüft werden.

Tipp: Um sicherzugehen, dass die Würze warm genug ist, und um sie vor Zugluft zu schützen, wickele ich den Gärbehälter entweder in eine Decke oder schütze ihn mit einem großen Karton.

Das Glossar finden Sie auf S. 196.

Die persönliche Note

Wenn Sie sich gerne intensiver mit dem Thema befassen möchten, können Sie ungehopftes Flüssigmalzextrakt verwenden und Hopfen nach Wahl selbst hinzufügen. Es gibt aber auch noch einige andere Möglichkeiten, die Rezepte nach Geschmack zu verfeinern.

- Kristallmalz verleiht Ihrem Bier Farbe, viel Geschmack und Charakter. Empfehlenswert sind 5 Teile reguläres Malz auf 1 Teil Kristallmalz.

- Beeren sind momentan sehr beliebt, und vielleicht möchten Sie ja auch damit experimentieren. Probieren Sie einen Zusatz von 150 g Frucht auf 23 Liter leichtes Ale aus. Traditionell verwendete man Vogelbeeren oder Holunderblüten, aber Sie können auch Johannisbeeren, Schlehen, Kirschen, Holunderbeeren, Himbeeren oder Erdbeeren nehmen. Sie haben die Wahl, aber entsaften Sie die Beeren zuerst und stellen Sie sicher, dass der Saft beim Zugeben 22 °C hat. Die Früchte bringen Farbe, Süße und Aroma.

- Für Gewürzbiere fügen Sie entweder Extrakt hinzu oder einen selbst gebastelten Gewürzbeutel (siehe Rezept unten).

- 200 g schwarzer Rübensirup auf 23 Liter mildes Ale oder Porter verleiht dem Bier Farbe, Aroma und 2,3 Prozent mehr Alkohol. Kaffeesüchtige können einem Imperial-Stout-Rezept Kaffeepulver beimischen (siehe Glossar*), um es extra weich und aromatisch zu machen. Für mehr Farbe gibt man flüssiges Karamell oder für rote Farbe 100 ml Rote-Bete-Saft zur Würze.

Extrazutaten sollten 24 Stunden nach Zugabe der Hefe hinzugefügt werden. Wilde Hefe in den Ergänzungen könnte sonst den anfänglichen Gärvorgang durcheinanderbringen. Man sollte auch zu spät im Gärprozess nichts mehr hinzufügen, da ungewollte Bakterien das Bier verunreinigen könnten.

Nach Zugabe dieser Zutaten das Bier zu Ende gären lassen, den Restzucker messen, in ein Druckfass oder Flaschen abfüllen, Zucker hinzufügen, Flaschen verschließen und wie im Woodforde's Nog Rezept nachgären lassen (siehe S. 66).

Das Glossar finden Sie auf S. 196.

Gewürztes Festtags-Ale

Ergibt 23 Liter

Bierset ohne Hopfen (siehe S. 66)

200 ml Wasser

10 g Wacholderbeeren

1 kleines Stück Ingwerwurzel

1 Zimtstange

1 Muskatnuss, leicht zerstoßen

Außerdem

Sterilisationsmittel (siehe Kasten, S. 13)

Gäreimer, Rührlöffel, Siphon, Druckfass oder Flaschen, wie im Woodforde's Nog Rezept, S. 66

Dieses festliche Ale basiert auf der norddeutschen *Gruitbier*-Tradition, bei der statt Hopfen Kräuter oder Gewürze mitgebraut werden. Sie können jede beliebige Gewürzmischung verwenden. Aber Achtung: Überwürzung kann unangenehm schmecken. Wenn Sie feststellen, dass Ihr Bier mehr vertragen könnte, nehmen Sie das nächste Mal etwas mehr.

In einem kleinen Topf das Wasser ganz langsam mit den Gewürzen zum Kochen bringen und 30 Minuten köcheln lassen. Auf 22 °C abkühlen lassen. Abseihen.

Den Gewürzsud dem leichten Bier Ihrer Wahl einen Tag nach Beginn des Gärprozesses beimischen und wie oben beschrieben fortfahren.

Herstellung & Aufbewahrung: Im Sommer oder Winter brauen. Kühl gelagert 1–2 Monate haltbar.

Tipp: Haben Sie Geduld – es braucht einige Experimente, um die auf den persönlichen Geschmack abgestimmte Menge an Gewürzen zu bestimmen.

Apfel- & Birnenmost

In den letzten zwanzig Jahren haben Apfel- und Birnenwein sowie -most ein regelrechtes Revival erlebt. In Nordfrankreich, Nordspanien, Deutschland und Großbritannien gehört Apfelmost zum Kulturerbe, aber nun sind auch in den Vereinigten Staaten, in Kanada, Skandinavien und Belgien Kleinerzeuger wie große Brauereien gleichermaßen in die Produktion eingestiegen. *Cider* und *Perry* (Apfel- und Birnenwein und -most) gehören in Großbritannien zu den ältesten Getränken. Vor dem Einfall der Normannen im 11. Jahrhundert sind die Aufzeichnungen vage, aber den französischen Eroberern wird das Anlegen der Obstplantagen und die Einführung der Produktionsmethoden zugesprochen. Als die Pilger die Segel zur Atlantiküberquerung setzten, nahmen sie ihre Äpfel, ihr Wissen und ihre Ausrüstung mit, um dann auch dort an der Ostküste der USA Apfel- und Birnenmost herzustellen.

Mostäpfel & Mostbirnen Most kann aus allen Apfelsorten hergestellt werden, wobei spezielle Mostäpfel eindeutig am beliebtesten sind. Für den traditionellen Perry braucht man Perry-Birnen, Birnenwein aber lässt sich aus allen Birnen gewinnen.

In England wird Cider nicht nur in den dafür berühmten drei Grafschaften Gloucestershire, Herefordshire und Worcestershire, sondern auch im West Country, Wales und im Osten des Königreiches hergestellt, wo vor allem Tafeläpfel wachsen. Apfelmost wird auf der ganzen Welt produziert, insbesondere in der Bretagne und Normandie sowie in einigen Regionen Deutschlands und Nordspaniens, den USA und Kanada, Argentinien und seit neuestem auch in Australien und Neuseeland (siehe S. 74).

Ein traditioneller Prozess An einem schönen Herbstnachmittag besuche ich Martin Soble von Carey Organic auf seinem Hof. Ich sehe zu, wie Äpfel auf ein Förderband geladen und zum „Häcksler" transportiert werden. Klein geschnitten fallen sie auf ein über einem Holzrahmen aufgespanntes Tuch. Zwei Männer packen die geraspelten Äpfel in das Tuch und falten dann die vier Ecken über die Apfelmasse, um den sogenannten „Käse" zu bilden. Dann wird das Gestell entfernt, über dem „Käse" ein neues Tuch gespannt, das Gestell wieder aufgebaut und der Prozess bis zu einem Dutzend Mal wiederholt. Der hohe Stapel wird dann vorsichtig zu einer Hydraulikpresse aus den Dreißigerjahren transportiert, aus der mit 120 Tonnen Druck der Apfelsaft herausspritzt wie Wasser aus einer Quelle (siehe Carey-Apfelsaft, S. 40).

Das ist die traditionelle Methode, um Saft aus Äpfeln zu pressen. Viele Most- und Safthersteller sind zu Siebbandpressen übergegangen, aber Martin bevorzugt sein altes System. Er sagt, damit wird auch das letzte bisschen Saft und Geschmack herausgepresst.

Alkohol & Zucker

Der Volumengehalt (% Vol. Alkohol) vergorener Getränke wie Most ist abhängig von der Zuckermenge in den Früchten, die wiederum durch die Menge des aufgenommenen Sonnenlichts bestimmt wird. Birnenmost hat zum Beispiel meist zwischen 5 und 7 % Vol. Alkohol. Der Wert beeinflusst den Geschmack, weshalb es schwierig ist, ein konstantes Rezept festzuhalten, wenn das Getränk das Aroma des verwendeten Obstes und des jeweiligen Jahres widerspiegeln soll.

Bier ist in dieser Hinsicht anders, denn da man genau nach Rezept braut, kann man jedes Mal aufs Neue die gewünschte % Vol. Alkoholmenge erreichen.

Der Zuckergehalt ist wichtig, um die Hefe aktiv zu halten. Der natürliche Zuckergehalt des Obstes erlaubt den Hefezellen, sich zu vermehren, um dann Zucker in Alkohol zu verwandeln. Während vergorener natürlicher Zucker für einen besseren Geschmack sorgt als Zuckerzusatz, kann wie bei Wein vor der Gärung notfalls noch Zucker hinzugefügt werden, um den Alkoholgehalt zu steigern. Mehr Alkohol hat den zusätzlichen Vorteil, dass sich der Most besser hält. Im Gegensatz dazu kann bei Bier nicht der ganze im Gerstenmalz enthaltene Zucker zu Alkohol vergoren werden. Die Restsüßemessung bei Getränken auf Obst- und Gemüsebasis nähert sich vielleicht 1000, während Bier problemlos mehr als 1010 aufweisen kann und dann süßer schmeckt (siehe Glossar, S. 196).

Das Echte

Cider und Perry haben traditionell keine Kohlensäure. Dieser Apfel- oder Birnenwein wird oft unter-
schätzt und ist den meisten sogar unbekannt, denn
in der Gastronomie werden übersüßte, geschmacks-
arme Getränke serviert, die sich für echten Cider/
Perry ausgeben, obwohl sie fast keine Äpfel oder
Birnen enthalten. Was könnte es für einen besseren
Grund geben, selber welchen zu machen?

Tom Olivers Faustregeln

Tom Oliver betreibt eine weltbekannte Mosterei in einer wunderschönen Ecke im ländlichen Herefordshire, im Herzen der so genannten Cider Route. Sein Können entspringt einer lebenslangen Leidenschaft, die aber nur einen Teil seines unheimlich abwechslungsreichen Lebens ausmacht. Er hält sich strikt an die Regeln der alten Herstellungsverfahren und versucht ständig, Ethik und Profit unter einen Hut zu bringen – keine leichte Aufgabe im heutigen Wettbewerb. Tom produziert Cider und Perry immer noch auf dieselbe Art wie vor Jahrhunderten: mit 100 % Mostäpfeln oder -birnen und nichts sonst – weder Wasser noch Hefe, außer der natürlich vorkommenden, kein Zuckerzusatz und nicht einmal Sulfite (normalerweise als Konservierungsstoff eingesetzt).

Wenn Sie einen Mostbirnen- oder -apfelbaum in Ihrer Nähe haben, kommen Sie vielleicht in Versuchung, es auch einmal selbst zu probieren. Einige daheim in der Küche angesetzte Liter sind, so Tom, „absolut trinkbar. Allerdings gibt es einen Zusammenhang zwischen Geschmack, Charakter und Menge." Mein üblicher Rat an alle, die es zum ersten Mal versuchen, ist, erst einmal klein anzufangen, aber Tom warnt: „Am schwierigsten war immer der Most, den ich in Ballonflaschen angesetzt habe. Sobald man mit einem 200-Liter-Fass arbeitet, genießt man die enormen Vorteile der Menge."

Wenn Sie Zugang zu einem großen Baum habe, sollte Ihnen genug Obst zur Verfügung stehen, sodass ein 200-l-Fass gar nicht mehr so beängstigend klingt. Allerdings müssen wir ja irgendwo anfangen, und ich beziehe meine Mostäpfel von einer Plantage in der Nähe. Also lassen Sie uns mit einer Korbflasche voll beginnen und sehen, wie es läuft. Wenn das Resultat erfreulich ist, winkt immer noch das Fass.

Mostbirnen Mostbirnbäume wie zum Beispiel Blakeney Red und Moorcroft in England oder Gelbmöstler, Sommermuskatbirne und St. Rémy in Deutschland sind groß und stattlich. Manche sind zwei- oder dreihundert Jahre alt, mit Ästen, die sich gen Himmel biegen und die Sonne in ihr Innerstes einladen. Im Frühjahr tragen Sie einen dicken Mantel jungfräulich weißer Blüten, die nach dem Verblühen wie Schneeflocken herabrieseln.

Mostbirnen sind im Spätsommer reif, und man lässt sie am Baum hängen, bis sie herunterfallen. Bei manchen Sorten dauert das ein paar Tage, bei anderen Wochen. Dann beginnt das Pressen. Diese frühe Sorte liefert die erste Ladung Perry, die gerade rechtzeitig bis Weihnachten fertig wird. Zur Zeit Heinrichs VIII. wurde Birnenwein ebenso für seine abführende wie für seine alkoholisierende Wirkung geschätzt – und oft heiß herbeigesehnt.

Frühe Sorten müssen innerhalb von 24 Stunden aufgesammelt und gepresst werden, da sie sonst verderben. Andere Sorten werden erst im Oktober und November reif – je später die Ernte, umso kälter das Wetter und daher weniger Eile beim Pressen. Notfalls kann das Obst auch eine Woche lang warten.

Ausstattung

Anfangs möchten Sie die Sache vielleicht erst einmal ausprobieren. In diesem Fall kann man mit einer Küchenmaschine, einem Eimer, einer großen Baumwolltasche und einigen Ballon-/Korbflaschen improvisieren. Sollten Ihre Absichten jedoch ernsthafter sein, brauchen Sie etwas mehr Ausrüstung:

- Sterilisationsmittel (siehe Kasten, S. 13)
- Plastikeimer zum Auffangen des Safts
- Korbpresse und Apfelmühle – siehe S. 40, 76
- Ballon-/Korbflaschen – Größe und Fassungsvermögen hängt von der Menge ab, die Sie ansetzen wollen
- 200-Liter-Fass – wenn es Ihnen mit dem Mostmachen ernst ist
- Hefenahrung und Hefebeutel – optional
- Gärverschlüsse und passende Stöpsel
- Mostwaage/Aräometer zur Bestimmung des Zuckergehalts
- Siphon – Plastikschlauch zum Abziehen und Abschlauchen
- Passende Plastikflaschen und/oder -behälter mit Schraubverschluss
- Kronkorken und -deckel

Cider & Perry international

Der Hobby-Cider-Brauer kann sich Inspiration von den Produzenten in der Alten und der Neuen Welt holen: Während in Nordfrankreich schon seit Jahrhunderten Apfelmost hergestellt wird, wurde das Verfahren in Nordamerika erst von den Siedlern eingeführt.

Cidre aus der Normandie Zweitausend Farmen produzieren im Pays d'Auge im Süden der Normandie immer noch *cidre* aus 100 Prozent Frucht. Eine hübsche 64 Kilometer lange so genannte Cidre-Route führt durch die Landschaft, in der sich idyllische kleine, halb verfallene, schwarzweiße Farmen aneinanderreihen, die Cidre, Essig, Calvados (Apfelweinbrand) und *Pommeau* (ein Verschnitt aus Calvados und Apfelsaft) produzieren.

In der Normandie wird der Most in *doux*, *semi-sec*, *brut* und *traditionnel* eingeteilt, also in leicht süß, halbtrocken, trocken und stark. Der Alkoholgehalt reicht von unter 3 Prozent bis zu über 4 Prozent. Die britische Variante hat im Vergleich dazu 4–8 Prozent, je nach Jahreszeit und den verwendeten Sorten.

Der *cidre bouché* ist ein natürlich süßer Apfelmost mit Kohlensäure, der durch ein traditionelles Verfahren hergestellt wird. Die Äpfel werden dazu nach der Ernte einige Wochen lang in einem Apfelspeicher gelagert, um maximale Reife zu garantieren. Später im Jahr werden die Äpfel gewaschen, sorgfältig verlesen und gemahlen. Die klein gehäckselten Früchte werden dann in Fässer gefüllt und ziehen 24 Stunden durch.

Während dieser Zeit findet Oxidation statt, was dem Saft etwas Farbe verleiht, aber viel wichtiger: Pektin sickert aus den Apfelzellwänden in den Saft. Durch das Quellenlassen oder *cuvage*, wie man es in Frankreich nennt, entsteht Saft mit intensiverer Farbe und dickerer Konsistenz als aus sofort gepresstem.

Anschließend wird der Saft in saubere Fässer abgefüllt, die zuvor mit Sulfit behandelt wurden, und gärt darin dann durch wilde Hefe vor sich hin. Die Temperatur ist niedrig, wodurch der Gärprozess nur langsam in Gang kommt. Die natürlichen Pektin-Esterase-Enzyme im Apfelsaft wandeln das Pektin in Pektinsäure um. Diese bildet ein Gel, weil sie sich mit dem natürlichen Kalzium im Saft verbindet. Das Gel steigt an die Oberfläche, wo es einen braunen Deckel bildet, während ein Teil davon als Sediment zu Boden sinkt und einen Großteil der Proteine mitnimmt. Dazwischen entsteht ein klarer Saft. Dieser wird in ein zweites sauberes, mit Sulfit behandeltes Gärfass abgezogen.

Der Gärprozess verläuft sehr langsam, weil die meisten Nährstoffe im Saft mit der Deckschicht und dem Bodensatz entfernt wurden. Das Ergebnis ist natürlich süßer Apfelmost, der nach dem Abfüllen in Flaschen noch einmal zur Nachgärung gebracht werden kann, um ihn auf natürliche Art mit Kohlensäure zu versehen.

Cidre zum Essen

Obwohl in der Normandie Apfelmost traditionell zu Gerichten wie Pfannkuchen, fruchtigen Desserts oder Fisch und Geflügel getrunken wird, funktioniert Cidre auch gut als erfrischendes Getränk zwischendurch. *Cidre Brut*, mit seiner dunkleren goldenen Farbe, den feinen Bläschen und dem Geschmack gereifter Äpfel passt ausgezeichnet zu Fleischgerichten und Käse wie z.B. Camembert.

Auf die amerikanische Art Kleine Mosterei-Betriebe sind in den Staaten sehr im Kommen. Früher stellten die meisten Leute ihre eigenen alkoholischen Getränke her. Als im frühen 20. Jahrhundert die industrielle Produktion überhand nahm und die Menschen feststellten, dass Sie die Getränke im Laden billig kaufen konnten, machte sich niemand mehr die Mühe zu mosten.

Greg Hall von Virtue Cider ist ein Cider-Produzent aus Michigan, der fest entschlossen ist, dies wieder zu ändern. Greg war zuvor als Meisterbrauer in Großbritannien und Frankreich auf der Suche nach neuen Erkenntnissen unterwegs, als er das Potential für „craft cider" bei sich zu Hause sah. Seine Methoden sind die klassischen europäischen, beeinflusst von seinen Besuchen in der Normandie und dem Südwesten Englands. Allerdings wird bei ihm der Saft zuerst in Edelstahltanks gepumpt, wo er sich beruhigen kann, bevor er mit künstlicher Hefe versetzt wird. Sobald der Gärprozess abgeschlossen ist, wird der frische Most zur Reifung in Fässer abgefüllt.

Der britischen Tradition folgend glaubt Greg, dass das Aussehen der Früchte keine Rolle spielt. Andere Eigenschaften sind ihm wichtiger: wie sie riechen, wie sie schmecken. Der hohe Säureanteil ist ganz wesentlich. Unterstützt vom Herefordshire Cider-Experten Tom Oliver (siehe S. 73), experimentiert er mit traditionellen Methoden. Als Folge davon wird ein Teil des Saftes nach dem Pressen in Fässer abgefüllt, wo er der spontanen Gärung überlassen wird.

Ein Blick in die Staaten

Heutzutage produziert der Nordosten mehr Cider und Perry als alle anderen Gegenden der USA, oft unter Verwendung alter Apfelsorten. Trotzdem ist die Industrie an der nordwestlichen Pazifikküste dynamischer und innovativer. Dort führt man französische und britische Mostapfel- und Mostbirnensorten ein und experimentiert auch mit verschiedenen Techniken und Produkttypen: In Oregon und im Staat Washington zum Beispiel mit Chili-, Frucht- und Hopfenaroma.

Three Counties Cider & Perry

Hier konzentrieren wir uns auf die traditionellen stillen Varianten von Cider und Perry, also Apfel- und Birnenwein. Ich habe spätreife Früchte verwendet, die im November gesammelt wurden. Das Obst sofort nach dem Herunterfallen vom Boden aufsammeln und gleich verarbeiten. Reife Früchte schmecken am besten und geben auch den meisten Saft. Traditionell wurde das Obst in einer Wanne mit einem großen Stock zerquetscht, aber wenn Sie kleine Mengen zubereiten, können Sie versuchen, Äpfel oder Birnen mit einem Fleischwolf zu zerkleinern, aber das ist nicht leicht (siehe Tipp, S. 40). Das Entsaften ist schwierig ohne eine Art von Korbpresse. Wenn Sie regelmäßig Saft oder Most selber machen wollen, lohnt es sich, in eine Presse und einen Häcksler zu investieren oder eine Mosterei in der Nähe um Hilfe bitten.

Ergibt 4,5 Liter

15 kg reife Mostäpfel oder -birnen – samt Flecken, Dellen und Warzen, aber schimmelfrei

Außerdem

Presse und Apfelmühle, Plastikeimer, Ballonflaschen, Gärverschlüsse mit Stöpsel, Siphon, wie im Kasten, S. 73 beschrieben

passende Glas- oder Plastikflaschen

Alle Gerätschaften sterilisieren (siehe Kasten, S. 13). Das Obst waschen oder abspülen und an der Luft trocknen lassen. In Stücke schneiden, falls es für Mühle/Häcksler oder Fleischwolf zu groß ist (*Bild* 1). Das gehäckselte Obst zur Presse bringen. Einen sauberen Eimer für den Saft darunterstellen. Wenn der Korb voll ist, den Saft pressen (*Bild* 2).

Den Fruchtsaft in sterile Ballonflaschen aus Glas umfüllen, einen Gärverschluss mit Korken anbringen (*Bild* 3). Die Flaschen an einen warmen Ort stellen, z.B. neben die Heizung, um die natürliche Hefe zu aktivieren (siehe Kasten, S. 78).

4

Wilde Hefe

Die Menge an wilder Hefe in einer sterilen Umgebung – also im Haus in einer sauberen Ballonflasche – ist viel niedriger als draußen in einem Fass, daher benötigt Apfel- und Birnensaft oft Wärme, um den Gärprozess in Gang zu setzen. Wenn die Hefe den Zucker spaltet, entstehen dabei Alkohol und CO_2. Der Alkohol verbleibt in der Flüssigkeit, das Kohlendioxid entweicht durch den Gärverschluss. Die natürlich vorkommende wilde Hefe wird früh aktiv und erhöht den Alkoholgehalt auf 1 Prozent, bevor die anderen Hefen im Saft übernehmen. Wenn die Gärung nicht beginnt oder stockt, bevor der ganze Zucker verbraucht wurde, kann man etwas Hefenahrung zugeben.

Der Gärprozess dauert in einem solchen Fall etwa 2 Monate. Wenn keine Luftblasen mehr aufsteigen oder sie langsamer werden, in eine zweite sterile Ballonflasche abziehen und mit einem frischen Gärverschluss mit Stöpsel versehen (*Bild* 4). So können die restlichen Gase entweichen.

Erst an dem Tag in Flaschen füllen, an dem Sie den Apfel-/Birnenwein trinken wollen (*Bild* 5), denn falls die Flüssigkeit noch gärt, können die Flaschen platzen. Wahlweise in Plastikflaschen oder -behälter abfüllen.

Herstellung & Aufbewahrung: Im Herbst ansetzen. Frühreife Sorten sind bis Weihnachten fertig. Sofort trinkbar, aber der Wein wird durch Alterung noch besser – er hält im Grunde so lange, wie Sie ihm widerstehen können.

Tipp: Wer nicht in eine Saftpresse investieren will, gibt die gehäckselten Früchte in ein großes Baumwolltuch, verknotet die Ecken und hängt es über ein großes, korrosionsfreies Auffanggefäß, um den klaren Saft zu gewinnen.

Altenglischer „Champagner" – sprudelnder Birnenmost

Feiner Perry ist „Champagner" aus Birnen! Na gut, das ist vielleicht leicht übertrieben, aber während England mit Frankreich im Krieg lag, verschwanden Champagner und französische Weine von den Tischen, und englischer Birnenmost erlebte eine Renaissance. Die Besitzer großer Plantagen präsentierten stolz ihre selbst hergestellten und abgefüllten Jahrgänge. Außerhalb seiner Heimat ist der Three Counties Sparkling Perry so gut wie unbekannt, aber ich hoffe, dass die Kneipen und Restaurants in der Gegend so stolz darauf sind, dass sie immer eine Flasche auf dem Tresen haben wie in Venetien den Prosecco.

Ergibt 6 x 750 ml Flaschen

1 x 4,5 l Ballonflasche frisch gemachter Birnenwein (siehe S. 74)

1 Beutel Champagnerhefe

125 g Zucker

Außerdem

Siphon

6 sterilisierte dunkelgrüne 750-ml-Plastikflaschen (PET) mit Schraubverschluss oder unbeschädigte Champagnerflaschen

6 x Champagnerkorken aus Plastik

6 x Champagnerdrahtkörbe (Agraffe)

Weinkarton für 6 Flaschen

Den frisch vergorenen Birnenwein in eine sterile Ballonflasche füllen. Zum Sterilisieren keine chemischen Zusätze verwenden, da die Nachgärung sonst nicht funktioniert.

Den Champagner-Hefestarter wie in Schritt 4 des Modernen Weinmodells (S. 106) beschrieben ansetzen. Den Zucker in einem kleinen Topf in 70 ml des Birnenweins einrühren und sanft erhitzen, bis er sich auflöst. Abkühlen lassen.

Den Wein bis 6–8 cm unter den Rand in die Flaschen abschlauchen. Je ein Sechstel der Zuckerlösung zugeben und die Flaschen gut schütteln, um die Flüssigkeiten zu vermischen. ½ TL Champagnerhefestarter zugeben und wieder schütteln.

Die Flaschen sollten nun bis 2,5 cm unter den Rand gefüllt sein. Wenn nötig mit etwas Wein auffüllen oder Flüssigkeit ausgießen. Mit einem hohlen weißen Champagnerkorken aus Plastik verschließen. Das braucht Kraft, und der Korken muss dann mit dem Drahtkörbchen gesichert werden. Die Flaschen in den Karton packen, um den Schaden zu begrenzen, falls eine zerplatzt.

Eine Woche lang im Warmen aufbewahren, um die Nachgärung in Gang zu setzen, danach 6–12 Monate an einem kühlen Ort lagern. Jede Woche die Flaschen einmal kurz und kräftig drehen, damit sich die Hefe nicht an der Glaswand ablagert. Nicht schütteln!

Nach 6 Monaten sollte der Most klar sein und die Hefereste sollten sich in der Vertiefung des Flaschenbodens gesammelt haben.

Herstellung & Haltbarkeit: *Zum Ende des Winters oder Frühjahrsbeginn ansetzen, je nachdem wann die Birnen geerntet wurden. Kann nach 6 Monaten getrunken werden, schmeckt aber nach 1 Jahr besser.*

Ein sehr guter Jahrgang

Die Weinkarte

Die Weinkarte

In der guten alten Zeit war es üblich, dass die Leute zu Hause aus dem Obst, dem Gemüse, den Blumen und Beeren aus der näheren Umgebung Stärkungsmittel und Tränke zubereiteten. Oft trugen sie den Namen „Wein", auch wenn sie ganz anders waren als die Weine, die wir heute kennen. Geschmäcker und Bräuche ändern sich, und so verschwand langsam auch die Tradition des Weinmachens.

Hausgemachte Weine wurden nicht einfach nur als Getränk genossen, sondern auch für ihre heilsame Wirkung gepriesen und als Stärkungsmittel eingenommen. Mit dem Aufkommen moderner Medizin wurden solche Überzeugungen als Altweibergeschwätz abgetan. Meiner Meinung nach sind diese altmodischen Heilmittel, die süßeren Weine, die noch den Geschmack der Zutaten enthalten, die köstlichsten.

Weine aus der Natur Sie können so ziemlich aus jedem Obst Wein herstellen. Früher wurden auch viele Blumen dazu verwendet: Schlüsselblumen, Primeln, Stiefmütterchen, Holunderblüten, Klee, Lavendel, Ginster, Heidekraut, Rosen, Ringelblumen und Löwenzahnblütenblätter. Wurzelgemüse wie Pastinaken, Sellerie, Kartoffeln und Karotten ergeben alle feinen Wein, ebenso wilde Beeren: Vogelbeeren, Brombeeren, Holunderbeeren, Hagebutten und viele andere, die bei uns wachsen. Kräuter wie Petersilie, Salbei, Rosmarin und Thymian, ja sogar Unkraut und Wildpflanzen wie Brennnessel und Kerbel waren beliebt.

Hefe

Welche Art von Hefe Sie verwenden, bleibt Ihnen überlassen. Für nach der Landwein-Anleitung (S. 86) zubereitete Weine habe ich die natürlich vorkommenden wilden Hefen genutzt oder den Trick mit Hefe auf einer Toastscheibe angewandt, die man auf dem Most schwimmen lässt (siehe *Bild* 5, S. 101). Für einen Schuss moderne Erkenntnisse (siehe S. 102) bin ich nach einigen Experimenten zur Super Wine Yeast Compound übergegangen, einem speziellen Weinhefen-Mix, der jedes Mal gute Ergebnisse garantiert. Wenn Sie es lieber natürlich mögen, verwenden Sie die kleinen Beutel mit Hefe für spezielle Arten von Wein (rot, weiß, Champagner etc.). Sollte der Gärprozess aus irgendeinem Grund nicht einsetzen oder auf halbem Weg stocken, werfen Sie einen Blick auf den Fehlersuche!-Kasten (S. 64), um das Problem aufzuspüren.

Im Gegensatz zu anderen Formen des Einmachens kann Wein auch aus beschädigten Früchten hergestellt sind, solange sie reif sind und genug Zucker enthalten. Er ist deshalb die Lösung für Obst- oder Gemüseschwemme, wenn Sie gar nicht mehr wissen, was Sie mit dem Obst machen sollen. Sie müssen es noch nicht einmal pflücken, sondern warten einfach, bis es vom Baum fällt, sammeln es auf und packen es mit Schale in einen großen Bottich.

Ich würde es nicht über mich bringen, eine Böschung ihrer Primeln zu berauben oder eine Wiese ihrer Schlüsselblumen, denn Wildblumen sieht man inzwischen sowieso viel zu selten, und sie sind so wunderschön. Und da ich mir auch nicht vorstellen kann, dass ich je genug Stiefmütterchen oder Ringelblumen züchten werde, damit es für Wein reicht, freue ich mich, dass Löwenzahn im Überfluss wächst.

Der Anfang Es gibt drei Arten, Wein zu machen: auf die altmodische Art und Weise, die ich in der Landwein-Anleitung (S. 86) beschreibe, das Moderne Weinmodell (siehe S. 106) und die Methode, die sich von beidem ein wenig ausborgt: ein Schuss neue Erkenntnisse (siehe S. 102). Mit etwas Sorgfalt und Übertragung lässt sich jedoch jedes der Rezepte mit allen Methoden ausführen.

Landweine werden mit Zutaten der Saison, Wasser, Obst und Hefe hergestellt und bewahren deren Reinheit. Diese Getränke spiegeln nicht nur den Geschmack der Früchte und Blüten wider, sondern auch die Jahreszeit, das Wetter, den Sammelort und die Mühe und Sorgfalt des Weinbereiters.

Das Moderne Weinmodell hat zum Ziel, klare, stabile Weine zu produzieren, die nicht notwendigerweise den Geschmack der Frucht wiedergeben, aus der sie gemacht sind. Der Wein nutzt alle Vorzüge, die die moderne Wissenschaft und die heutige Weinindustrie zu bieten haben. Doch selbst Experten sagen, dass auf diese Art gekelterte Weine nicht immer von Erfolg gekrönt sind. Wobei ich auch nicht die Möglichkeit ausschließen will, der althergebrachten Methode ein wenig mit neuen Erkenntnissen unter die Arme zu greifen. Techniken wie das Abkochen roher Zutaten, um die für die Oxidation verantwortlichen Enzyme abzutöten und eine Essenz herzustellen, oder die Zugabe von Zitrusfrüchten als Pektinquelle, um den Gärprozess zu unterstützen und als Antiseptikum zu wirken, können hilfreich sein. Einige Weine kommen ohne Kochen des Obstes aus, indem die Früchte einfach zerstampft werden und man auf die natürlichen, wilden Hefen vertraut.

Und schließlich kann Wein vor dem Abfüllen mit einem Schuss Weinbrand, Rum, Gin oder Gewürzen verfeinert werden, was den Geschmack, die Intensität und die Haltbarkeit verstärkt (siehe S. 114). Wie in früheren Jahrhunderten können gehackte Johannisbeeren dem Wein zur Süßung und Stärkung beigemischt werden.

Süße Weine sind schwieriger zu machen. Während gespritete Weine mehr Süße behalten, da der hinzugefügte Alkohol den Gärungsprozess stoppt, bevor der ganze Restzucker verbraucht ist, ist es bei normalen Weinen am einfachsten, jede Flasche vor dem Servieren nach Geschmack mit einigen Teelöffeln Zuckersirup (siehe S. 108) zu versehen.

Willkommen im Club Hobbywinzer-Vereine können für den Anfänger sehr wichtig sein, und es gibt sie fast überall. Dort kann man seine Notizen vergleichen, den Wein der anderen verkosten und die eigene Vorgehensweise verbessern.

Eine erfahrene Stimme Als ich anfing, für dieses Buch zu recherchieren, habe ich mich auf der Suche nach Expertenrat an den Newent Wine Circle gewandt. Man verwies mich an Jean und Jim Haines und den meisterhaften Brian Fowler. Jim und Jean machen seit den Siebzigerjahren ihren eigenen Wein und haben von der Rosenblüte bis zur Erbsenschote schon alles verarbeitet. Sie fingen mit der Landwein-Methode an, verwenden aber inzwischen moderne Verfahren und haben mir bei der Entwicklung meines Modernen Weinmodells (siehe S. 106) geholfen.

Wie viel? 🌿

Solange Sie noch am Experimentieren sind, wird ihnen eine 4,5 l Ballonflasche fast zu groß vorkommen. Ich besitze deshalb mehrere 2 l Ballonflaschen, sodass ich auch kleinere Mengen ansetzen kann. Das ist besonders bei Blütenweinen nützlich, für die viele Blütenblätter abgezupft werden müssen.

Tipps 🌿

Basierend auf jahrzehntelanger Erfahrung empfiehlt Landwein-Erzeuger Brian Fowler Folgendes:

- Das Obst vor dem Weinmachen einfrieren – das schwächt die Zellwände, was den Herstellungsprozess unterstützt.
- Dunkle Pflaumen ergeben keinen guten Wein, gelbe Pflaumen und Renekloden hingegen schon.
- Alte kleine Zwetschgensorten ergeben guten Wein, die modernen größeren eher nicht.
- Pflaumen, Renekloden und Zwetschgen müssen nicht entsteint werden.
- Alte kleine Stachelbeersorten ergeben guten Wein.
- Alte Apfelsorten aus alten Obstplantagen und Gärten ergeben guten Wein.

Die folgenden Mischungen und natürlichen Zusätze verbessern den Wein:

- Obstmischungen funktionieren oft besser als nur eine Sorte. Z.B. ergibt eine Mischung aus Holunderbeeren, Schlehen, Brombeeren und schwarzen Johannisbeeren einen köstlichen roten Wein.
- Spartan-Äpfel mit Trauben und alte Apfelsorten vor der Gärung mit Traubensaft mischen.
- 1 l Traubensaft pro 2 l Basisfruchtsaft hinzufügen – rot für rote Beeren und weiß für Äpfel.
- Für extra Süße die traditionelle Methode wählen und am Anfang weißem Most Sultaninen sowie rotem Most Rosinen beimischen.
- Für Gerbstoffe pro 2 l Wein 1 Tasse kalten Schwarztee zugeben.

Brian ist jetzt der Präsident des Wein Clubs, den er in den frühen Siebzigern mitgegründet hat. Ich habe ihn an einem wunderbaren Sommernachmittag in seinem Garten getroffen, wo er seine Geschichten, sein Wissen und seine Familienrezepte (siehe S. 110) mit mir geteilt hat. Bevor ich aufbrach, schlenderten wir im Abendsonnenschein durch seinen Obstgarten, pflückten Pflaumen und Äpfel von den alten knorrigen Bäumen und diskutierten darüber, welche Sorten den besten Wein geben.

Der traditionelle Weg

Mit dieser Methode wird seit Jahrhunderten Wein gekeltert: mit nichts außer den Rohzutaten, Zucker und Zeit, obwohl manche den alten Trick mit Backhefe auf Toast verwenden. Mit dieser Methode können auch Weine aus den anderen Unterkapiteln gemacht werden, genau wie die Rezepte hier mit etwas Unterstützung durch moderne Methoden funktionieren.

Das Landwein-Modell

Folgen Sie zuerst den Anweisungen für jedes Rezept. Dann:

1. Die gesüßte, mit Hefe versetzte Flüssigkeit („Most") nach Rezept zubereiten. In eine Ballonflasche aus Glas füllen – bis zur Schulter, wo die Flasche sich zum Hals hin verengt. Extra Flüssigkeit aufheben, falls der Pegel aufgefüllt werden muss (siehe Stillweine, unten).

2. Die Ballonflasche auf einem Tablett an einen warmen Ort stellen. Nach kurzer Zeit wird die Fermentation einsetzen und der Schaum aus der Flasche aufs Tablett quellen. Den Pegelstand mit übrigem Wein auffüllen.

3. Wenn sich der Gärprozess beruhigt und sich kein Schaum mehr bildet, das Tablett säubern, die Flasche mit einem gefalteten Tuch (siehe Bild 6, S. 91) bedecken und stehen lassen, bis die Gärung abgeschlossen ist und sich keine Luftblasen mehr bilden.

4. Entscheiden, ob Sie einen stillen Wein oder einen Schaumwein wünschen, und den entsprechenden unten beschriebenen Schritten folgen.

Für Stillweine

- Die Ballonflasche 14 Tage lang in einen kühlen Raum stellen.
- Dann mithilfe eines Gummischlauchs die halb geklärte Flüssigkeit in eine saubere Ballonflasche „abziehen" (siehe Glossar*). Dabei die Heferückstände in der alten Flasche zurücklassen.
- Wenn die zweite Flasche nicht ganz voll ist, mit übrigem Most auffüllen, wenn Sie haben, sonst mit abgekühltem, abgekochtem Wasser. Mit einem Korken oder einer Dichtung fest verschließen. 6–12 Monate in einem kalten Keller lagern.
- Den Korken entfernen und die saubere Flüssigkeit in Flaschen abschlauchen. Fest verkorken. Die Flaschen 6 weitere Monate oder länger liegend lagern.
- Je länger der Wein nachreifen kann, desto besser schmeckt er.

Für Schaumweine

- Den vergorenen Wein 14 Tage lang so kalt wie möglich lagern.
- Den Wein in eine andere Ballonflasche abziehen, ohne die Heferückstände aufzuwirbeln.
- Einen Zuckersirup vorbereiten: pro 4,5 l Wein 200 g Zucker in 250 ml kochendem Wasser auflösen.
- Den abgekühlten Zuckersirup zum Wein geben, gut mischen, in entsprechend starke Flaschen (siehe Glossar*) abziehen, verkorken und mit Drahtgeflecht fixieren.
- Die Flaschen 6 Monate liegend in einem Keller oder im Dunkeln lagern

Diese Methoden sind für trockene Weine. Wenn es süßer sein soll, vor dem Servieren weiteren Zuckersirup unterrühren.

Das Glossar finden Sie auf S. 196.

Ausrüstung

Zerkleinern

- kleine scharfe Schere
- tiefe Tongefäße oder Schüsseln
- Kartoffelstampfer oder konisches Nudelholz
- saubere Baumwolltücher
- Wäscheklammern oder Gewichte
- Filterbeutel
- Topf
- Messbecher und Trichter
- Siebe und Filter, klein und groß
- Musselintuch
- Fleischerhaken oder andere Vorrichtung, um das abtropfende Fruchtmus im Filterbeutel aufzuhängen

Gärung

- Gärgläser oder -eimer in Größen zwischen 4,5 und 22,5 l, mit Deckeln, die mit Gärverschlüssen versehen werden können
- 2 oder 3 4,5-l-Ballonflaschen
- 2 Gärverschlüsse (siehe Glossar*)
- mehrere Stopfen, sowohl massive als auch solche mit Loch für einen Gärverschluss
- großer Rührlöffel
- Wasser oder Wodka für den Gärverschluss (siehe S. 106)

Abfüllen

- Gummischlauch als Siphon
- 750 ml Glasflaschen mit Korken, Schraubverschluss oder Kronkorken
- Maschine zum Verkorken, optional

Rhabarberwein

Rhabarber eignet sich wunderbar als Basis für
das erste Weinabenteuer, denn er hat als
erstes „Obst" im Jahr Saison, und Rhabarberwein ist leicht herzustellen. Junge Rhabarber-
stängel ergeben einen hübschen rosafarbenen
Trunk, aber falls er bei Ihnen im Garten
wächst, lassen sich auf diese Weise auch die
härteren, faserigen Strünke verarbeiten.

Diese Seite: Rhabarberwein und
Apfelwein (links, hinten)

Rhabarberwein zubereiten

Ergibt 4,5 Liter

1,5 kg Rhabarber, mit einem feuchten Tuch
abgewischt, geputzt und in etwa
3 cm lange Stücke geschnitten

1 Stück frischer Ingwer, zerdrückt

dünn abgeschälte Schale und
Saft von 1 Bio-Zitrone

4 l kochendes Wasser

pro 500 ml gewonnenen Saft: 300 g Zucker

Außerdem

großes Tongefäß oder Marmeladentopf
aus Edelstahl mit 10 l Fassungsvermögen

Filterbeutel oder feines Sieb

6 sterilisierte 750-ml-Glasflaschen
mit Schraub-/Bügelverschluss oder Korken
(siehe Kasten, S. 13)

1 sterilisierte 4,5-l-Ballonflasche

Den Rhabarber in das Gefäß geben und mit einem Kartoffelstampfer zerquetschen (*Bild* 1).

Den Ingwer, die Zitronenschale und den -saft hinzufügen. Das kochende Wasser über das zerstampfte Obst gießen und gut verrühren (*Bild* 2). Mit einem sauberen Tuch abdecken, dessen Ecken mit Wäscheklammern befestigt wurden, damit es nicht in die Schüssel rutscht, und 10 Tage ziehen lassen (*Bild* 3). Täglich umrühren, damit sich kein Schimmel auf der Oberfläche bildet.

Die Flüssigkeit in eine andere tiefe Schüssel abseihen (*Bild* 4). Den Zucker hinzugeben und auflösen (*Bild* 5). In eine Ballonflasche umfüllen. Die Flaschenöffnung mit einem sauberen, mehrfach wie zu einem Fächer gefalteten Tuch abdecken und 10 Tage gären lassen (*Bild* 6). Falls nötig, Hefe zufügen (siehe Kasten, S. 84) und weitere 12 Stunden stehen lassen.

Die Flasche sorgfältig verstöpseln und an einem kühlen, dunklen Ort 12 Monate stehen lassen. In sterilisierte Flaschen abschlauchen. Die Landwein-Anleitung für Stillweine befolgen (S. 86).

Herstellung & Haltbarkeit: Im Frühjahr während der Rhabarbersaison zubereiten. Kann gleich getrunken werden, hält sich aber 1 Jahr nach Flaschenabfüllung.

Apfelwein

Ergibt 4,5 Liter

3 kg Äpfel, am besten Fallobst

5 l Wasser

1,5 kg Zucker

Schale von 1 Bio-Zitrone

150 g Rosinen, gehackt

Außerdem

Tontopf oder tiefe Schüssel

Flotte Lotte (Passiergerät) oder
Fleischwolf, optional

6 sterilisierte 750-ml-Glasflaschen
mit Schraub-/Bügelverschluss
oder Korken (siehe Kasten, S. 13)

1 sterilisierte 4,5-l-Ballonflasche

Äpfel können auf zwei verschiedene Arten zu Wein verarbeitet werden. Entweder, wie hier, mit der „Landwein-Methode" mit frischen Äpfeln oder aus Saft, wie auf S. 109 gezeigt. Die Rosinen werden als Süßungsmittel verwendet (siehe Tipps Kasten, S. 85)

Die Äpfel klein schneiden oder häckseln und in ein Tongefäß oder eine große tiefe Schüssel geben. 2,5 l kochendes Wasser hinzufügen, mit einem sauberen Tuch abdecken und 10 Tage ziehen lassen. Zweimal täglich umrühren.

Die Mischung durch ein feines Sieb abseihen. In eine Ballonflasche umfüllen und den Fruchtbrei zurück in die Schüssel geben.

Die verbleibenden 2,5 l Wasser in einem Topf auf mittlerer Stufe erhitzen, den Zucker unterrühren, bis er sich aufgelöst hat, und die Zitronenschale zugeben. Die Hitzezufuhr steigern und 30 Minuten kochen lassen – dabei auf den Pegel im Topf achten und extra Wasser nachgießen, um den ursprünglichen Pegel zu erhalten. Dann über den Fruchtbrei gießen und mit einem Holzlöffel zerdrücken.

Das Mus in ein feines Sieb über einer Schüssel füllen. Sobald der gesiebte Saft etwas abgekühlt ist, zum Originalsaft in der Ballonflasche geben. Die gehackten Rosinen hinzufügen. Wenn der Wein nicht von allein zu gären beginnt, Hefe zugeben (siehe Kasten, S. 84) und weitere 24 Stunden stehen lassen. Die Landwein-Anleitung für Stillweine befolgen (S. 86).

Herstellung & Haltbarkeit: Im Spätsommer und Herbst zubereiten und vor dem Abschlauchen 6 Monate warten. Im Frühjahr kann der Wein verkostet werden. Er wird durch Lagerung nicht besser.

Kleeblüten- oder Löwenzahnwein

Der Inbegriff von Landwein! Aus an einem sonnigen Nachmittag gepflückten rosafarbenen Kleeblüten oder den gelben Blütenblättern von Löwenzahn unter Zugabe von Hefe hergestellt.

Ergibt 2 x 750 ml Flaschen

1 kg Kleeblütenköpfe oder Löwenzahnblütenblätter

1,5 l kochendes Wasser

½ Bio-Orange, ½ Bio-Zitrone, in dünnen Scheiben

500 g Zucker

1 kleines Stück Ingwer

1 TL frische Backhefe

Außerdem

großes Tongefäß, Filterbeutel, 2-l-Gärglas

2 sterilisierte 750-ml-Glasflaschen mit Stöpsel

Zuerst alle Gerätschaften sterilisieren. Die Blätter von den Blütenköpfen zupfen und alles Grüne entsorgen. Ins Tongefäß geben und das heiße Wasser hinzufügen. Mit einem sauberen Tuch abdecken, dessen Ecken mit Wäscheklammern befestigt wurden, damit es nicht in die Schüssel rutscht. 3 Tage bei Zimmertemperatur ziehen lassen, dabei mindestens 2 x täglich umrühren.

Die Zitrusscheiben zugeben und wieder umrühren. 7 Tage oder mehr mit dem Tuch bedeckt ziehen lassen und mindestens 2 x täglich umrühren. Danach die eingeweichten Blütenblätter mit dem Wasser in einen heiß gespülten Filterbeutel füllen und über einer großen Schüssel aufgehängt abtropfen lassen. Dann die Flüssigkeit mit dem Zucker und dem Ingwer zum Kochen bringen und 30 Minuten köcheln lassen. Dabei Wasser nachfüllen, falls der Pegel im Topf sinkt.

Wieder umrühren. Wenn die Flüssigkeit lauwarm ist, die Backhefe zugeben und in ein steriles 2-l-Gärglas füllen. Mit einem gefalteten Tuch abdecken (siehe Bild 6, S. 91). Der Landwein-Anleitung für Stillweine (S. 86) folgen.

Herstellung & Haltbarkeit: Im Sommer zubereiten und vor dem Trinken 2 Jahre lagern, wobei 4 Jahre Lagerung am allerbesten wären.

Tipp: Andere essbare Blüten wie Huflattich, Holunderblüten, Weißdorn, Geißblatt, Stiefmütterchen und Duftrosen können für Blütenwein verwendet werden.

Süßer Rosinen-Blumen-Wein

Die Inspiration für dieses blumige Rezept, das sich zur Gärung auf „wilde Hefen" in der Luft verlässt, stammt aus der 16. Auflage des Buches *The Compleat Housewife*. Wählen Sie aromatische Blüten wie Rosen, Jasmin, Holunder oder Lavendel.

Ergibt 2 x 750 ml Flaschen

750 g duftende Blüten oder Rosenblätter, frisch gepflückt

1,5 l Quell- oder gefiltertes Wasser

300 g ganze Rosinen, abgespült

Außerdem

tiefe Schüssel, Filterbeutel, sterile 2-l-Ballonflasche

2 sterilisierte 750-ml-Flaschen, vorzugsweise aus Glas, mit Schraubverschluss oder Korken (siehe S. 13)

Die Blüten in eine große, tiefe Schüssel geben. Das Wasser kochen und darübergießen. Mit einem sauberen Tuch abdecken, dessen Ecken mit Wäscheklammern befestigt wurden, damit es nicht in die Schüssel rutscht (siehe *Bild* 3, S. 91), und bis zum nächsten Tag stehen lassen. Die Rosinen dazugeben und 12 Tage lang 2 x täglich umrühren. Die Flüssigkeit in einen heiß durchgespülten Filterbeutel füllen und über einer großen Schüssel über Nacht abtropfen lassen.

Die entstandene Flüssigkeit in einen großen Krug füllen und mit einem Trichter in die Ballonflasche umfüllen. Die Öffnung mit einem gefalteten Tuch oder lose sitzenden Stopfen (siehe *Bild* 6, S. 91) verschließen. Der Landwein-Anleitung für Stillweine folgen (S. 86). Wenn der Wein nicht von alleine gärt, Hefe hinzufügen (siehe Kasten, S. 84) und weitere 24 Stunden stehen lassen.

Herstellung & Haltbarkeit: Im Sommer zubereiten, nach 12–24 Monaten trinken.

Tipp: Wenn sich Schimmel bildet, haben Sie zu lange nicht mehr umgerührt. Einfach gründlich umrühren – die Säure im Obst wird den Schimmel erledigen.

Stachelbeer-Sternanis-Wein

Ich habe die bescheidene Stachelbeere wegen ihres einzigartigen Geschmacks in Kuchen oder Desserts schon immer geschätzt, doch erst als ich anfing, Wein zu machen, habe ich herausgefunden, was für erstaunliche Eigenschaften sie besitzt. Wie der Holunder liefert auch sie wilde Hefen, um sprudelnde Getränke und Wein herzustellen, nur mit Zusatz von Zucker und Wasser.

Ergibt 4–5 750-ml-Flaschen

3 l kaltes Wasser, wenn möglich gefiltert

75 g Zucker

2 Sternanis

1 kg reife Stachelbeeren

400 g Zucker pro Liter Saft

Außerdem

Kartoffelstampfer

große flache Schale

Tongefäß oder große Schüssel

Filterbeutel, heiß durchgespült

2 sterilisierte 4,5-l-Ballonflaschen

4 oder 5 sterilisierte 750-ml-Flaschen, vorzugsweise aus Glas, mit Schraubverschluss oder Korken (siehe Kasten, S. 13)

Das Wasser in einen großen Topf geben, den Zucker und den Sternanis hinzufügen und zum Kochen bringen. 1 Stunde lang köcheln, dann abkühlen lassen.

Die Stachelbeeren mit einer scharfen Schere putzen. Abspülen, trocknen und in eine große flache Schale geben. Mit einem Kartoffelstampfer zerquetschen, 1,5 l der abgekühlten Zuckerlösung dazugeben und mit einem sauberen Tuch abgedeckt 1 Tag stehen lassen.

In einen heiß durchgespülten Filterbeutel füllen und über einer großen Auffangschale über Nacht abtropfen lassen oder bis es nicht mehr tropft.

Pro Liter Saft 400 g Zucker zugeben, gut verrühren und 12 Stunden oder bis der Gärprozess beginnt (Schaum) stehen lassen. Sollte nichts passieren, Hefe zugeben (siehe Kasten, S. 84) und weitere 12 Stunden abwarten.

Mit einer Schaumkelle abschöpfen, was sich vielleicht auf der Oberfläche angesammelt hat, und die Flüssigkeit in einer sterilen Ballonflasche mit losem Stöpsel oder gefaltetem Geschirrtuch über der Öffnung (siehe *Bild* 6, S. 91) 1 Monat lang stehen lassen.

Danach die Flüssigkeit in einen anderen sterilen Behälter abschlauchen, um ihr mehr Luft zu geben. Die alte Flasche mit etwas Stachelbeerflüssigkeit ausspülen und dann alles wieder in die Originalflasche füllen, dicht verschließen und vor dem Abfüllen 4 Monate stehen lassen.

Die sterilen Flaschen mit warmem Wasser ausspülen, die Flüssigkeit bis 2 cm unter den Rand einfüllen und den Schraubverschluss fest verschließen.

Herstellung & Haltbarkeit: Im Juni oder Juli zubereiten, vor dem Abfüllen 4 Monate lagern, danach gleich konsumieren oder bis zu 12 Monate aufheben.

Rote-Bete-Majoran-Wein

Rote Bete ergibt einen kristallklaren, dunkelroten Wein. Er kann etwas erdig schmecken, was nicht alle mögen, aber die Zugabe von Hopfen aus dem Brauereizubehörgeschäft und süßen Kräutern wie Majoran, Thymian oder Rosmarin verleihen ihm ein feines Bouquet und machen ihn angenehmer. Bereiten Sie ihn im Spätsommer zu, wenn die Kräuter blühen, weil sie dann stärker duften.

Ergibt 2 750-ml-Flaschen

1,5 kg junge Rote Bete; keine alte,
hölzerne verwenden,
sonst schmeckt der Wein erdig

2 l Wasser

1 großes Bund blühender Majoran

5 g getrocknete Hopfenblüten

300 g brauner Zucker

1 dicke Scheibe Toast

10 g frische Backhefe

Außerdem

1 sterilisiertes 2-l-Gärglas oder
Ballonglas mit Stopfen

2 sterilisierte 750-ml-Flaschen,
vorzugsweise aus Glas,
mit Schraubverschluss oder Korken
(siehe Kasten, S. 13)

Zubereitung

Die Rote Bete waschen und abbürsten,. In einen großen
Topf geben und mit dem Wasser bedecken (*Bild* 1). Den
Majoran hinzufügen und zum Kochen bringen. Dann die
Hitze reduzieren und 30 Minuten köcheln lassen. Den
Hopfen zugeben und weitere 10 Minuten kochen (*Bild* 2).

2 Stunden stehen lassen, dann in eine tiefe Schüssel abseihen (*Bild* 3). Die Rote Bete schälen und mit Genuss
verzehren. Den Zucker unter Rühren im Rote-Bete-Saft
auflösen (*Bild* 4). Auf etwa 30 °C abkühlen lassen.

Das Brot toasten, die Hefe darauf verstreichen und auf
dem noch warmen Saft schwimmen lassen (*Bild* 5). Die
Schüssel mit einem sauberen Tuch abdecken, dessen Ecken
mit Wäscheklammern befestigt wurden, damit es nicht in
die Schüssel rutscht, und 36 Stunden ziehen lassen. Den
Toast entsorgen und den Saft ins Gärglas abseihen (Bild 6).
Der Landwein-Anleitung für Stillweine (S. 86) folgen.

Herstellung & Haltbarkeit: Im Spätsommer ansetzen. Dunkel lagern und nach 6 Monaten öffnen. Jung trinken – er
wird mit der Zeit nicht besser.

Hinweis: Dieser Wein wird auf altmodische Methode mit der
Hefe-Toastscheibe hergestellt. Dadurch wird die Hefe lang-
sam von der warmen Weinflüssigkeit aufgenommen, was den
Schaum verfeinert und ein edleres Resultat liefert.

Ein Schuss neue Erkenntnisse

Die Rezepte der Landwein-Anleitung funktionieren genau wie früher mit Obst, Wasser und Backhefe. Die Rezepte in diesem Teil verbinden Teile der Landwein-Anleitung mit den modernen Methoden der Weinherstellung, wie sie im Modernen Weinmodell beschrieben werden.

Karottenwein

Ergibt 4,5 Liter

2 kg große Karotten, 2 Bio-Zitronen und 2 Bio-Orangen

4,5 l Wasser

1,75 kg brauner Zucker

1 gehäufter TL (5 g) Super Wine Yeast Compound oder 1 Beutel Weinhefe (siehe Kasten, S. 84)

Außerdem

großer Topf, Baumwolltuch, Tongefäß oder Gäreimer mit Deckel*, 1 oder 2 Gärverschlüsse*, Stopfen*, braunes Papier, 2 x 4,5-l-Ballonflaschen

6 750-ml-Glasflaschen

Vor Beginn alle Gerätschaften und Utensilien sterilisieren**.

Dieser ausgezeichnete Wein aus Wurzelgemüse war einst als „Karottenwhisky" bekannt, nicht weil er wie Whisky schmeckt, sondern weil er angeblich denselben Kick bringt. Man kommt leicht in Versuchung, das Gemüse länger zu kochen, in der Annahme, dass es dann mehr Aroma ans Wasser abgibt, aber es ist wichtig, sie nur gerade gar zu kochen.

Die Karotten waschen und abbürsten, nicht schälen und in der Sonne oder an der frischen Luft trocknen lassen. Die Karotten am Stück in einen großen Topf geben und 4,5 l kaltes Wasser hinzufügen. Den Wasserpegel im Topf einprägen. Zum Kochen bringen und 20–25 Minuten köcheln lassen. Währenddessen die Zitronen und Orangen in Scheiben schneiden und mit dem Zucker in ein Tongefäß oder einen Gärbottich geben*.

Wenn die Karotten weich sind, genug Wasser hinzufügen, um den alten Pegel wieder zu erreichen. Den Herd ausstellen und das Wasser über das Obst und den Zucker im Gefäß oder Eimer gießen. Die Karotten essen oder Suppe daraus bereiten. Die Flüssigkeit gut umrühren, um den Zucker aufzulösen. Auf etwa 30 °C abkühlen lassen. Die Hefe zugeben und umrühren.

Das Gefäß mit einem Tuch oder den Eimer mit Deckel samt Gärverschluss abdecken (siehe *Bild* 6, S. 107). An einem warmen Ort 15 Tage gären lassen.

Durch ein mit einem Baumwolltuch ausgelegtes Sieb abseihen, dann in eine sterile Ballonflasche abfüllen. In braunes Papier einwickeln, um die Farbe zu erhalten, dann mit einem Gärverschluss-Stopfen verschließen.

Wenn der Wein nicht mehr blubbert, in eine zweite sterile Ballonflasche mit festem Stöpsel abschlauchen. Wieder in braunes Papier wickeln und im Dunkeln lagern. Vor dem Trinken in sterilisierte Flaschen mit Stöpsel abschlauchen.

Herstellung & Haltbarkeit: Im Sommer ansetzen. Die Zubereitung dauert 20–30 Tage, dann muss der Wein 12 Monate lagern, bevor er in Flaschen abgefüllt wird und getrunken werden kann.

Tipp: Auf diese Weise können Sie auch Wein aus anderem Wurzelgemüse oder zum Beispiel aus Süßkartoffeln herstellen.

Orangenwein

Orangenwein ist ziemlich einfach zu machen, indem man die Schale und den Saft verwendet. Man erhält ein vollmundiges, orangefarbenes Getränk, das ein bisschen nach Marmelade schmeckt.

Ergibt 4,5 Liter

12 Bio-Orangen

1 l kochendes Wasser

3 l kaltes Wasser

1,5 kg Zucker oder brauner Zucker

1 gehäufter TL (5 g) Super Wine Yeast Compound oder 1 Beutel Weinhefe (siehe Kasten, S. 84)

Außerdem

Tongefäß oder Gäreimer mit Deckel, Stopfen und 2 Gärverschlüssen*

2 4,5-l-Ballonflaschen

6 750-ml-Glasflaschen

Vor Beginn alle Gerätschaften und Utensilien sterilisieren**.

Die Schale der Orangen dünn mit einem Kartoffelschäler abschälen, in ein Tongefäß geben, 1 l kochendes Wasser hinzufügen und 24 Stunden ziehen lassen. Die Orangen entsaften und den Saft beiseite stellen.

Das Wasser in einen Gäreimer abseihen. 3 l Wasser, den Orangensaft und den Zucker zugeben und gut umrühren, damit sich der Zucker auflöst.

Die Hefe zugeben, gut umrühren, den Eimer schließen und einen Gärverschluss (siehe Bild 6, S. 107) anbringen. An einem warmen Ort 2–3 Tage stehen lassen, damit der Gärprozess in Gang kommt.

In eine Ballonflasche mit Gärverschlussstopfen umfüllen. Wenn der Gärprozess beendet ist, in eine zweite Ballonflasche mit festem Stopfen abziehen. Nach einem Jahr in sterile Flaschen abschlauchen.

Herstellung & Haltbarkeit: Aus reifen Zitrusfrüchten zubereiten. Der Wein muss 12 Monate lagern, bevor er in Flaschen abgefüllt und getrunken werden kann.

Siehe Kasten Ausrüstung, S. 87

**Siehe Kasten Sterilisation, S. 13*

Süßer Brennnesselwein

Brennnesseln sind bekannt dafür, dass man aus ihnen nahrhafte Suppe, guten Tee, erfrischendes Bier und aphrodisierenden Wein machen kann! Viagra, nimm dich in Acht: Du hast natürliche Konkurrenz bekommen! Wenn Sie sich nicht sicher sind, ob die Nesseln an Ihrer Sammelstelle mit Gift besprüht wurden, in Babyflaschen-Sterilisationsmittel laut Anleitung waschen.

Ergibt 4,5 Liter

genug Brennnesselspitzen, um einen 2 l Krug zu füllen

4,5 l Wasser

1 kleines Stück Ingwerwurzel, zerquetscht

Saft und dünn abgeschälte Schale von 2 Bio-Zitronen

1,75 kg Zucker

1 gehäufter TL (5 g) Super Wine Yeast Compound oder 1 Beutel Weinhefe (siehe Kasten, S. 84)

Außerdem

Tongefäß oder Gäreimer mit Deckel, Stopfen und Gärverschlüssen*

2 4,5-l-Ballonflaschen

6 sterilisierte 750-ml-Glasflaschen

Vor Beginn alle Gerätschaften und Utensilien sterilisieren und abspülen. Die Brennnesselspitzen mit 2 l Wasser, dem Ingwer und der Zitronenschale in einen Topf geben. Zum Kochen bringen und 45 Minuten köcheln lassen. Abseihen und die Flüssigkeit mit dem restlichen Wasser auf 4,5 l auffüllen.

Den Zucker in das Tongefäß oder den Gäreimer geben, die heiße Flüssigkeit und den Zitronensaft hinzufügen und gut umrühren, damit sich der Zucker auflöst. Wenn die Flüssigkeit auf etwa 30 °C abgekühlt ist, die Hefe zugeben und wieder umrühren.

Mit einem sauberen Tuch, schräg aufgesetztem Deckel oder Deckel mit Gärverschluss (siehe Bild 6, S. 107) bedecken und an einen warmen Ort stellen. Nach 4 Tagen den Most umrühren und in eine Ballonflasche mit Gärverschluss umfüllen. Wenn der neue Wein nicht mehr gärt, in eine zweite Ballonflasche mit festem Stopfen abschlauchen (siehe Glossar, S. 196).

Nach der Lagerung in sterilisierte Flaschen abschlauchen.

Herstellung & Haltbarkeit: Im Sommer ansetzen und vor dem Abfüllen in Flaschen mindestens 3 Monate in der Ballonflasche reifen lassen. Dann kann er getrunken werden.

Weißer Pflaumenwein

Weiße Pflaumen ergeben einen viel besseren Wein als rote. Wein aus roten Pflaumen schmeckt mitunter fad, weshalb Weinerzeuger oft 200 g gequollene Gerste mit dazugeben, um für mehr „Körper" zu sorgen. Vor dem Gären wird Pektinase hinzugefügt, um eine hohe Pektinkonzentration zu vermeiden, die Wein trüb macht.

Ergibt 4,5 Liter

1,75 kg gelbe Pflaumen

1 l kochendes Wasser

3 l kaltes Wasser

1 TL Pektinase (siehe Glossar*)

1,5 kg Zucker

1 gehäufter TL (5 g) Super Wine Yeast Compound oder 1 Beutel Weinhefe (siehe Kasten, S. 84)

Außerdem

Tongefäß oder Gäreimer mit Deckel, Stopfen und Gärverschlüssen*

2 4,5-l-Ballonflaschen

6 sterilisierte 750-ml-Glasflaschen (siehe Kasten, S. 13)

Vor Beginn alle Gerätschaften und Utensilien sterilisieren und abspülen (siehe Kasten, S. 13). Die Pflaumen halbieren. Entsteinen ist nicht nötig. Ins Tongefäß oder den Gäreimer geben und mit einem Kartoffelstampfer zerquetschen.

Das kochende Wasser darübergießen und mit einem sauberen Tuch oder einem losen Deckel bedeckt 24 Stunden ziehen lassen. Ab und zu durchstampfen. Dann das kalte Wasser und die Pektinase hinzufügen und weitere 48 Stunden stehen lassen. In einen großen Topf abseihen.

Die Flüssigkeit zum Kochen bringen, wieder in den Tontopf oder Gäreimer füllen, den Zucker zugeben und auflösen. Auf etwa 30 °C abkühlen lassen, die Hefe hinzufügen und umrühren. Mit einem Tuch oder Gärverschlussdeckel verschließen.

Wenn der Wein aufhört zu gären (das kann 2–6 Wochen dauern), in eine Ballonflasche abschlauchen. Sobald er ganz klar ist, in die zweite Ballonflasche mit festem Stopfen abziehen (siehe Glossar*). Nach einem Jahr in sterile Flaschen (siehe Kasten, S. 13) abschlauchen.

Herstellung & Haltbarkeit: Im Spätsommer ansetzen und vor dem Abfüllen in Flaschen 12 Monate lagern. Dann ist Ihr Wein trinkfertig.

Das Glossar finden Sie auf S. 196.

Die moderne Methode

Laut den erfahrenen Weinerzeugern Jim und Jean Haines haben kommerziell hergestellte Weine dazu geführt, dass weniger Leute zu Hause Wein machen. Während viele denken, es sei kompliziert, hoffe ich, dass dieses Buch sowie Jim und Jeans einfache Methode Sie vom Gegenteil überzeugen kann.

Das Moderne Weinmodell

Ganz wichtig ist zuallererst Sauberkeit, und zwar bei jedem Schritt. Sterilisieren Sie darum alle Gerätschaften (siehe Kasten, S. 13). Und um den größtmöglichen Saftertrag zu garantieren, frieren Sie die Früchte zuerst ein.

1. 1 kg aufgetautes Obst in einen Gäreimer aus Plastik geben und mit einem Kartoffelstampfer zerstampfen.

2. 4,5 l gefiltertes Wasser oder Saft (je nach Rezept) hinzufügen. Wein mit ungefiltertem Wasser kann nach Chlor schmecken. 1 Campden-Tablette (siehe Glossar*) zerstoßen, zusammen mit 1 TL Natriumdisulfit zugeben und 2 Tage stehen lassen. Dadurch wird der Gärprozess durch wilde Hefen im Obst unterbrochen und der Wein für die Zugabe der Trockenhefe vorbereitet.

3. Mit einem Aräometer (siehe Glossar*) messen. Ziel ist ein spezifisches Gewicht (SG) zwischen 1070 und 1090, was einen trockenen Wein mit 9–11 % Vol. Alkohol ergibt. Wenn nötig, je nach SG und Rezept etwas Zuckersirup (siehe Kasten, S. 108; Hinweis S. 112) zugeben.

4. Einen Hefestarter ansetzen: Dazu das Hefepulver mit 1 EL (15 g) Zucker und 100 ml warmem Wasser in eine kleine Flasche geben, verstöpseln und schütteln. Sofort den Stöpsel herausnehmen und durch einen Wattebausch ersetzen. 1 Stunde stehen lassen. Danach sollte die Hefe sehr aktiv sein.

5. Die Lösung zur Flüssigkeit geben und umrühren.

6. Den Eimer mit einem Gärverschlussdeckel (siehe Glossar*) verschließen und 1–2 cm Wasser oder Wodka in den Gärverschluss füllen, damit keine Bakterien oder Sauerstoff in den Most gelangen kann. An einen warmen Ort stellen und 10 Tage stehen lassen. Achtung: Regelmäßig beobachten! Sobald der Gärprozess beginnt, den Eimer in ein warmes Zimmer bringen und auf ein großes Tablett stellen, falls doch etwas überlaufen sollte.

7. Nach etwa 10 Tagen, wenn die Hefe nicht mehr aktiv ist, die Flüssigkeit durch ein mit einem Baumwolltuch ausgelegtes Sieb in einen frisch sterilisierten Eimer abseihen.

8. In eine Ballonflasche abfüllen – weißes Glas für Weißwein und braunes/grünes für rote Weine, um Verfärbungen zu verhindern. Alternativ eine weiße Glasflasche für rote Weine in braunes Papier einwickeln. Bis zur Schulterhöhe füllen, lose mit einem Korken mit Gärverschluss verstöpseln und warten, bis es nicht mehr blubbert.

9. Falls sich unten im Gefäß viel Bodensatz gebildet hat, den Wein in eine zweite sterile Ballonflasche abziehen, sonst schmeckt er später fad. Mit abgekochtem, abgekühltem Wasser bis 2 cm unter den Korken auffüllen. Mehr Platz lässt den Wein oxidieren.

10. Um sicherzugehen, dass der Gärprozess beendet ist, 1 Campden-Tablette und 1 TL Natriumdisulfit hinzufügen.

11. In der Ballonflasche lagern, bis der Wein getrunken werden kann.

12. Sobald die Ballonflasche geöffnet wird, muss der Wein sofort in Flaschen abgefüllt werden, damit er nicht oxidiert. In sterilisierte Flaschen abziehen und verkorken oder mit Schraubverschluss fest verschließen.

Weiße Weine vor Genuss 6 Monate lagern, außer sie sind etwas ganz Besonderes – dann 1 weiteres Jahr reifen lassen. Rote Weine sollten innerhalb von 1–2 Jahren getrunken werden.

Das Glossar finden Sie auf S. 196.

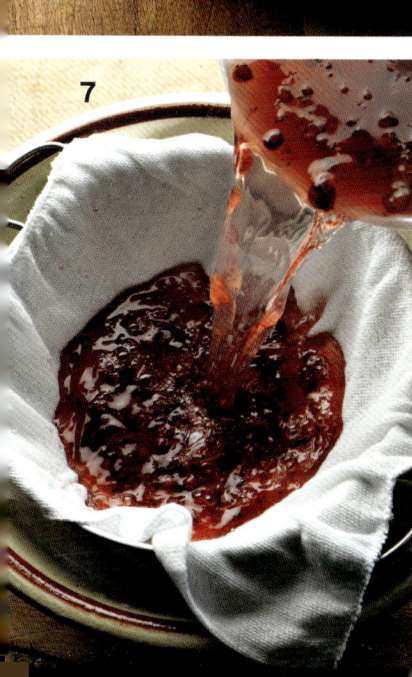

Diese Seite: Zutaten für Rosé aus *Johannisbeeren & Traubensaft*

Zuckersirup

Für Zuckersirup 1 kg Kristallzucker in 500 ml kochendes Wasser einrühren. Der Zucker muss sich komplett aufgelöst haben. Abkühlen lassen und nach Bedarf verwenden.

Ausstattung

Zerstoßen/Zerdrücken

- Kartoffelstampfer oder konisches Nudelholz
- Sieb, mit Baumwolltuch ausgelegt

Gärung

- Gäreimer aus Plastik in Größen zwischen 4,5–23 Liter, entweder bereits mit Gärverschluss oder dafür vorgesehenem Deckel
- kleine Flasche mit Stöpsel
- kleiner Wattebausch
- Aräometer/Oechslewaage
- Sterilisationsflüssigkeit
- Natriumdisulfit-Pulver
- Campden-Tabletten
- mehrere 4,5-l-Ballonflaschen

- 2 Gärverschlüsse
- mehrere Stopfen, sowohl massive als auch solche mit Loch für einen Gärverschluss
- großer Rührlöffel
- Tablett
- Zuckersirup (siehe Kasten gegenüber), aus Kristallzucker hergestellt
- Passendes Hefepulver (siehe Kasten, S. 84) sowie Zucker für die Starterhefelösung
- Wasser oder Wodka für den Gärverschluss

Aufbewahrung & Abfüllung

- braunes Papier für rote Weine
- sterilisierte 750-ml-Glasflaschen mit Korken oder Schraubverschluss (siehe Kasten, S. 13)

Rosé aus schwarzen Johannisbeeren & Traubensaft

Ergibt 4,5 Liter

400 g gefrorene schwarze Johannisbeeren

2 l Wasser, am besten gefiltert

1 l weißer Traubensaft (kein Konzentrat)

Außerdem

Gerätschaften wie oben beschrieben

Vor Beginn alle Gerätschaften und Utensilien sterilisieren und abspülen (siehe Kasten, S. 13).

Die aufgetauten Johannisbeeren in einen Gäreimer geben und mit einem Kartoffelstampfer zerstampfen. Das Wasser und den Traubensaft hinzufügen und mit Schritt 2 des Modernen Weinmodells (siehe S. 106) fortfahren.

Herstellung & Haltbarkeit: Im Sommer ansetzen und innerhalb von 12 Monaten trinken. Nach dem Öffnen sofort konsumieren.

Weißer Apfelwein aus Apfelsaft

Ergibt 4,5 Liter

4 l frischer Apfelsaft

500 g Rosinen, gehackt

Außerdem

Gerätschaften wie oben beschrieben

Vor Beginn alle Gerätschaften und Utensilien sterilisieren und abspülen (siehe Kasten, S. 13).

Den Fruchtsaft in einen Gäreimer geben, die gehackten Rosinen hinzufügen und mit Schritt 2 des Modernen Weinmodells (siehe S. 106) fortfahren.

Herstellung & Haltbarkeit: Kann das ganze Jahr über angesetzt werden. Vor dem Abfüllen 6 Monate dunkel lagern. Wird durch längere Lagerung nicht besser.

Roter Beerenwein „Bully Lane"

Der meisterhafte Hobby-Weinerzeuger Brian Fowler (siehe S. 85) war ein Stadtmensch, bis er May heiratete und in ihr Elternhaus in Bully Lane zog. Dort lebt er heute noch mit der Familie seines Sohnes und stellt diesen und viele andere Weine her. Das Rezept funktioniert mit einer Mischung roter Beeren oder Johannisbeeren.

Ergibt 4,5 l

1 kg gefrorene Beeren

2 l gefiltertes Wasser

1 l roter Traubensaft
(kein Konzentrat)

500 ml Zuckersirup
(siehe Kasten, S. 108)

Außerdem

Gerätschaften für das
Moderne Weinmodell
(siehe Kasten, S. 109)

Vor Beginn alle Gerätschaften und Utensilien sterilisieren und abspülen (siehe Kasten, S. 13).

Die aufgetauten Beeren in einen Gäreimer geben und mit einem Kartoffelstampfer zerstampfen. Das Wasser und den Traubensaft hinzufügen und mit Schritt 2 des Modernen Weinmodells (siehe S. 106) fortfahren.

Herstellung & Haltbarkeit: Nach 3 Monaten trinkbar, wird aber noch besser, wenn man ihn 12 Monate oder mehr lagert.

Tipp: Holunderbeeren enthalten viele Gerbstoffe. Brian empfiehlt deshalb, sie vor dem Quellen zwei- bis dreimal mit kochendem Wasser zu übergießen und abzuseihen. Auch das Mischen verschiedener Beeren – Brombeeren, schwarze Johannisbeeren und Schlehen – hilft, das Tannin zu reduzieren.

Roter & Weißer Traubenwein

In kühlerem Klima ist es eine etwas größere Herausforderung, Wein aus Trauben zu keltern als aus anderem Obst oder Gemüse. In nördlichen Breiten sind die Früchte säuerlicher, sodass man, mit Ausnahme sehr warmer Jahre, Zucker zugeben muss, um die richtige Balance zu finden. Als Anfänger ist man vielleicht versucht, es einfach Pi mal Daumen zu probieren, aber für den erfahrenen Weinproduzenten ist ein Aräometer nützlich, um den Zuckergehalt zu messen (siehe Hinweis unten). Falls Sie einen Rebstock besitzen und viele Trauben verarbeiten wollen, ist eine Presse von unschätzbarem Wert, doch beim ersten Versuch können Sie die Trauben ruhig mit der Hand auspressen und mit meinem alten Trick, dem Kartoffelstampfer, nachhelfen. Oder Sie probieren dieses Rezept mit frischem Traubensaft.

Vor Beginn alle Gerätschaften und Utensilien sterilisieren und abspülen (siehe Kasten, S. 13).

Wenn Sie eigene Trauben verwenden, diese auspressen oder quetschen, um den Saft zu extrahieren.

Für Rosé die Schalen mit dem Saft einige Tage lang quellen lassen. Für roten Wein bis zu 10 Tage. Je länger die Schalen im Saft bleiben, desto intensiver und dunkler der Wein. 10 Tage reichen jedoch aus!

Für weißen Wein die Trauben zum Auspressen in Baumwollstoff wickeln (ein Filterbeutel funktioniert gut).

Den Saft in den Gäreimer gießen und mit Schritt 2 des Modernen Weinmodells (siehe S. 106) fortfahren. Dabei immer wieder die Süße des Traubenmosts überprüfen und anpassen, wenn nötig in mehreren Schritten (siehe Hinweis unten). Das Ziel ist ein Spezifisches Gewicht von 1090.

Herstellung & Haltbarkeit: Weißwein und Rosé nach 6 Monaten trinken; Rotwein wird durch 12 oder mehr Monate Lagerung noch besser.

Hinweis: Mit dem Modernen Weinmodell erhalten Sie ein Spezifisches Gewicht (SG) zwischen 1070 und 1090. Wenn Ihr Most darunter liegt, heben 75 ml Zuckersirup das SG ungefähr um 5. Falls Sie aber mehr als 100 ml hinzufügen müssen, besser in mehrere Portionen aufteilen und 24 Stunden nach Zugabe der ersten Portion erneut das SG des Mosts testen. Wenn Sie mehr brauchen, 100 ml unterrühren. Am nächsten Tag erneut messen und ggf. extra Sirup dazugeben, bis das gewünschte SG erreicht ist. Wenn das SG zu hoch steigt, den Most mit kaltem abgekochtem Wasser verdünnen.

Ergibt 4,5 Liter

4,5 l frischer Traubensaft, für roten Wein aus roten Trauben gepresst oder gekauft, für weißen aus weißen Trauben, aber kein Konzentrat

Zuckersirup nach Bedarf (siehe Kasten, S. 108 und Hinweis rechts)

Außerdem

Gerätschaften für das Moderne Weinmodell (siehe Kasten, S. 109)

Gespritete Weine

Kleine Mengen Weinbrand oder andere hochprozentige Spirituosen verfeinern den Geschmack des Weins, während größere Mengen die Hefe bremsen und deshalb den Gärprozess beenden. Der Wein kann dann in Flaschen abgefüllt werden und sollte noch etwa 6 Tage lagern.

Gespriteter Beerenwein

Kann mit einer Mischung aus Brombeeren, schwarzen Johannisbeeren, Himbeeren und Holunderbeeren zubereitet werden.

Ergibt 2 Liter

genug gemischte Beeren, um einen 1-l-Messbecher zu füllen

350 g Zucker pro Liter Saft

3-4 Nelken und ½ TL Ingwerpulver

1 gehäufter TL (5 g) Super Wine Yeast Compound oder 1 Beutel Weinhefe (siehe Kasten, S. 84)

150 ml Weinbrand pro Liter Wein

Außerdem

Ausrüstung entsprechend der Landwein-Anleitung (siehe S. 87)

Tongefäß oder 2-l-Ballonflasche

2 sterilisierte 1-l-Glasflaschen mit Schraub-/Bügelverschluss oder Korken

Vor Beginn alle Gerätschaften sterilisieren (siehe Kasten, S. 13).

Die Beeren in einem großen Topf mit 2 l gefiltertem Wasser zum Kochen bringen und 30 Minuten köcheln lassen. Mithilfe eines Holzlöffels das Obst durch ein Sieb in eine große Schüssel passieren.

Den Saft abmessen und pro Liter Saft 350 g Zucker zugeben. Gut verrühren, damit er sich auflöst. Den gesüßten Saft zurück in den Topf füllen, die Nelken und das Ingwerpulver hinzufügen. Vorsichtig erhitzen, 15 Minuten köcheln und dann abkühlen lassen.

In ein Tongefäß, einen Gäreimer oder eine kleine Ballonflasche füllen und die Hefe hinzufügen.

Der Landwein-Anleitung für Stillweine (siehe S. 86) folgen. Sobald der Gärprozess abgeschlossen ist, pro Liter 150 ml Weinbrand zugeben, in Flaschen abfüllen, verschließen und lagern.

Herstellung & Haltbarkeit: 6 Monate haltbar. Nach dem Öffnen sofort konsumieren.

Land-„Portwein"

Früher fügte man dem Saft Weinbrand und/oder Gewürze hinzu, um einen gleichbleibend guten Geschmack zu garantieren.

Vor Beginn alle Gerätschaften sterilisieren (siehe Kasten, S. 13). Die Beeren und Rosinen in ein Tongefäß oder einen Gäreimer füllen und mit einem Kartoffelstampfer zerquetschen. Das Wasser abkochen und über den Beerenbrei gießen. Mit einem sauberen Tuch oder einem lose sitzenden Deckel zudecken und 5 Tage ziehen lassen. Täglich durchstampfen.

In einen heiß durchgespülten Filterbeutel geben und über einem tiefen Gefäß oder Gäreimer abtropfen lassen. Dann den Zucker unterrühren. Die Hefe zugeben, an einen warmen Ort stellen, mit gekipptem Deckel oder geschlossenem Deckel mit Gärverschluss (siehe Glossar, S. 196) abdecken und 2 Tage stehen lassen oder bis der Gärprozess anfängt. Bei Zimmertemperatur weitere 6 Tage gären lassen.

In die Ballonflasche abschlauchen. Den Weinbrand hinzufügen und, wenn der Gärprozess aufhört, nach Landwein-Anleitung in Flaschen abfüllen (siehe S. 86). Falls es weitergärt, etwas mehr Weinbrand zugeben. Verschließen.

Herstellung & Haltbarkeit: Nach 6 Monaten öffnen; wird durch Lagerung besser.

Variation: Probieren Sie auch mal Zwetschgen und anderes Steinobst aus. Statt Weißdornbeeren nehmen Sie andere Früchte oder nur Cranberrys.

Ergibt 2 Liter

500 g Cranberrys

500 g Weißdornbeeren

300 g ganze Rosinen

2,25 l Wasser, am besten gefiltert

1 kg Zucker

½ TL (3 g) Super Wine Yeast Compound oder 1 Beutel Weinhefe (siehe Kasten, S. 84)

150 ml Weinbrand pro Liter Wein

Außerdem

tiefes Tongefäß

Gäreimer, Deckel, Stopfen und Gärverschluss

sauberes Tuch

Filterbeutel, heiß durchgespült

1 2-l-Ballonflasche

2 sterilisierte 1-l-Glasflaschen mit Schraub-/Bügelverschluss oder Korken

Und jetzt was Stärkeres:

Liköre, Digestifs & Stärkungsmittel

Liköre, Digestifs & Stärkungsmittel

Die Herstellung von Likören ist simpel, aber lohnenswert. Man schüttet einfach die Zutaten zusammen, und die Zeit erledigt den Rest. Um Ausrüstung oder Sterilisation muss man sich keine Sorgen machen, und die Ergebnisse sind immer gut. Besser kann man die Jahreszeiten nicht einfangen, und was könnte es für einen schöneren Abschluss nach einem gemeinsamen Mahl geben, als Freunde mit einer Flasche voll köstlichem, funkelndem Inhalt zu verwöhnen?

Im Sommer kann man aus so ziemlich allen Früchten Likör herstellen – Beeren, Kirschen, Pflaumen, Zwetschgen, Pfirsichen und Zitrusfrüchten – aber auch aus essbaren Blüten, Gewürzen, Nüssen, Kaffee, Schokolade und Samen lassen sich tolle Mischungen herstellen. Durch die Zugabe von Sahne vor dem Abfüllen wird Sahnelikör daraus. Es gibt nur einen Nachteil: Da man hochprozentigen Alkohol wie Gin, Whisky, Rum oder Wodka als Grundzutat kaufen muss, ist es ein ziemlich teures Hobby. Aber man kann zum Beispiel prima die Spirituosen aufbrauchen, die man letztes Mal im Duty Free erstanden und nie getrunken hat.

Die meisten selbstgemachten Liköre werden hergestellt, indem Obst, Gewürze, Blüten, Kräuter, Zitrusschalen oder andere Zutaten wochenlang in Alkohol eingelegt werden. Dann wird Zucker zugegeben, die Flüssigkeit abgesiebt und in Flaschen abgefüllt. Viele Rezepte enthalten außerdem Zitronensäure, und obwohl ich sie manchmal verwende, konnte ich verglichen mit Zitronenschale keine Vorteile feststellen.

Zwetschgen- und Schlehen-Gin waren in Großbritannien schon immer ein beliebtes Mittel gegen Erkältungen und zum Wärmen von innen. Im Süden Italiens macht jeder, der einen Zitronenbaum im Garten oder zumindest einen im Topf auf der Terrasse hat, seinen eigenen Limoncello, um ihn den ehrenwerten Gästen nach einem Mahl im Freien kredenzen zu können. Weiter im Norden, wo das Wetter nicht ganz so mild ist, wird einem eher ein selbstgemachter Grappa angeboten, der mit Kreuzkümmel oder Fenchelsaat verfeinert wurde. Auf dieselbe Weise können Sie Ihren persönlichen Likör und damit eine eigene Tradition schaffen – mit etwas, das in Ihrem Garten wächst oder das Sie auf einem Spaziergang gesammelt haben.

Fruchtiger Bourbon

Liköre mit Zitrusfrüchten sowie Kräuterliköre werden besonders gerne nach dem Essen gereicht. Hierbei handelt es sich um einen ganz einfachen Likör, denn die Zutaten werden in einem Glas vermischt. Wie immer muss man dann ein bisschen schütteln und warten – voilà! Sie können ihn mit Zitronen, Limetten oder Grapefruits zubereiten oder auch andere Spirituosen verwenden.

Ergibt 750 ml

500 ml Bourbon

fein abgeriebene Schale von 2 Bio-Zitronen und 1 Bio-Limette

200 g Zucker

Außerdem

sauberes, trockenes Einmachglas mit 1-2 l Fassungsvermögen

feines Baumwolltuch oder Kaffeefilter

1 saubere, trockene 750-ml-Flasche oder kleinere Flaschen mit Verschluss

Den Bourbon, die Zitrusschale und den Zucker in das große Einmachglas geben, verschließen und 30 Tage stehen lassen – aber nicht im direkten Sonnenlicht. Zwei- bis dreimal am Tag schütteln.

Dann das Glas öffnen und durch einen mit einem Baumwolltuch oder Filterpapier ausgelegten Trichter in einen Messbecher abseihen, in die Flasche(n) umfüllen und verschließen. Am besten vor dem ersten Öffnen noch 3 Monate in einem dunklen, kühlen Schrank aufbewahren.

Zubereitung & Haltbarkeit: Dann ansetzen, wenn Zitrusfrüchte am besten schmecken. Unbegrenzt haltbar.

Old Williamsburg Mandarinentee

Dieses Bowlerezept aus dem Buch *The Williamsburg Art of Cookery* wird darin als ein „altes Williamsburger Rezept" beschrieben. Ich beschloss, es auszuprobieren, und glauben Sie mir, der Tee ist ziemlich stark. Ohne Eis kann man ihn gut nach dem Essen trinken. Auch wenn es kein echter Likör ist, eignet er sich für ungeduldige Likörhersteller, die gleich etwas probieren möchten. Allerdings verbessert sich das Aroma mit der Zeit noch.

Ergibt 1 l

Saft und Schale von 2 Bio-Mandarinen

225 ml starker Schwarztee, abgekühlt

Saft einer weiteren Mandarine

Saft und dünn abgeriebene Schale einer Bio-Zitrone

125 g brauner Zucker

300 ml hochwertiger Rum

Außerdem

2 saubere, trockene 1-l-Flaschen mit Verschluss

Als Erstes die weiße Haut an den Mandarinenschalen wegkratzen. Dann alle Zutaten in eine Flasche geben und gut verschließen. Gründlich schütteln, bis sich der Zucker aufgelöst hat. Über Nacht stehen lassen, dann durch ein mit einem Baumwolltuch ausgelegtes Sieb in eine zweite Flasche füllen. Kann gleich getrunken werden.

Herstellung & Haltbarkeit: Am besten im Winter zubereiten, wenn es viele Mandarinen gibt. Hält sich 6 Monate oder länger.

Variation: In der Originalversion aus dem Williamsburg-Kochbuch wurde die dünn abgeschälte Schale und der Saft von 2 Zitronen statt Mandarinen verwendet. Wer das ausprobieren möchte, sollte noch etwas mehr Zucker zugeben.

Foto auf S. 119

Limoncello San Vigilio

Mein Rezept wurde von einem wunderbaren, uralten Zitronenbaum im Garten der Villa San Vigilio am Gardasee inspiriert, wo ich vor vielen vielen Jahren zu Gast war. Beim Abendessen unterhielten wir uns über diesen fantastischen Zitronenbaum, und ich erkundigte mich, ob die Besitzer Limoncello herstellten. Natürlich nicht, denn das hier war eine Grappa-Gegend. Einer der Gäste kam jedoch aus Neapel und schickte mir freundlicherweise später dieses Rezept der neapolitanischen Köchin Fabrizia Gerli.

Ergibt 750 ml

4 Bio-Zitronen

1 Bio-Limette

400 ml Gin, weißer Rum oder 95-prozentiger Alkohol für die Likörherstellung

150 g Zucker

500 ml Wasser

Außerdem

sauberes, trockenes Einmachglas mit 1–2 l Fassungsvermögen

feines Baumwolltuch oder Kaffeefilter aus Papier

1 saubere, trockene 750-ml-Flasche mit Verschluss

Die Schale der Zitrusfrüchte dünn mit einem Kartoffelschäler abschälen. Die Schale in das große Glas geben, den Alkohol hinzufügen, verschließen und 7–10 Tage im Dunkeln aufbewahren.

Danach den Sirup herstellen. Dazu den Zucker und das Wasser 6–7 Minuten in einem Topf aufkochen. Abkühlen lassen und dann den Zitronenalkohol dazugeben. Durch einen mit einem Tuch oder Kaffeefilter ausgelegten Trichter in einen Messbecher abseihen, in die Flasche umfüllen und verschließen. Vor dem Anbrechen 1 Woche lang dunkel lagern. Traditionell serviert man Limoncello direkt aus dem Gefrierfach. Probieren Sie auch mal Varianten mit Orangen (Orangello), Limetten oder Grapefruit.

Herstellung & Haltbarkeit: Wenn die Zitronen am aromatischsten sind. Hält sich unbegrenzt.

Nocino – Italienischer Walnusslikör

Nocino wird in Italien überall da gemacht, wo Walnussbäume stehen, aber diese klassische Version stammt aus der Gegend Emilia-Romana. Der italienischen Tradition nach werden die Walnüsse am frühen Morgen des 24. Juni, dem Tag Johannes des Täufers, gesammelt, solange sie noch mit Tau bedeckt sind. Ich habe Kräuterexperten sagen hören, dass jede Heilpflanze eine äußere Eigenschaft besitzt, die Hinweise auf ihre medizinische Wirkung gibt. *Nocino* wird in Italien wegen seiner verdauungsfördernden Qualitäten sehr geschätzt. Und die komplizierte gewundene Form einer Walnuss erinnert ja tatsächlich an unsere verschlungenen Eingeweide.

Ergibt 1 l

30 grüne Walnüsse

1 l Aquavit, Grappa oder anderer farbloser Alkohol wie Wodka

1 kleines Stück Zitronenschale

5 Nelken

2 Stück Zimtrinde (zerbrochene Zimtstangen; billigere Alternative, die es in Asialäden gibt)

500 g Zucker

Außerdem

Gummihandschuhe – wichtig, um schwarze Verfärbung von Nägeln und Händen zu vermeiden

sauberes, trockenes Einmachglas mit 3 l Fassungsvermögen

feines Baumwolltuch

1 saubere, trockene 1-l-Flasche oder mehrere kleinere Flaschen mit Verschluss

Mit Gummihandschuhen die grünen Walnüsse vierteln und ins Einmachglas geben. Den Alkohol, die Zitronenschale, die Nelken und die Zimtrinde zugeben. Das Glas sorgfältig verschließen und auf einem sonnigen Fensterbrett 4 Wochen durchziehen lassen. Dabei täglich schütteln, damit sich kein Bodensatz bildet (siehe *Bild* 1).

Nach 4 Wochen das Glas öffnen, den Zucker hinzufügen, wieder verschließen und zurück in die Sonne stellen. Weitere 2 Wochen lang täglich schütteln oder bis sich der Zucker aufgelöst hat. Durch ein Tuch oder ein ausgelegtes Sieb abgießen (siehe *Bild* 2).

Die Menge abmessen und mithilfe eines Trichters in die Flasche(n) abfüllen, verschließen und bis Weihnachten aufbewahren.

Herstellung & Haltbarkeit: Im Frühsommer ansetzen. Hält sich unbegrenzt.

Grüne Walnüsse

Schneidet man eine grüne Walnuss auf, ist sie innen weiß und sondert durchsichtigen Saft ab. Er wird schnell schwarz, wenn er mit Luft in Berührung kommt, ergibt jedoch einen dunklen, köstlichen Trank, der sich gut als Digestif oder im Tiramisu eignet. Walnüsse sollten im Frühsommer geerntet werden, bevor die Schalen aushärten. Als Test kann man mit einer Stopfnadel hineinstechen – wenn sie am anderen Ende herauskommt, kann man Nocino machen. Wenn sie auf Widerstand stößt, haben Sie zu lange gewartet!

Das Originalrezept für dieses köstliche Getränk stammt aus Südtirol, wo es jede Menge sanfte, bewaldete Täler gibt, die alle eigene kleine Lebensräume mit Mikroklima und besonderen Erzeugnissen sind. Dieser Likör wird, genau wie eingelegte Walnüsse, aus grünen Walnüssen hergestellt, bevor die Schale aushärtet (siehe Kasten, S. 123) und mit Schokolade und Gewürzen angereichert. Ich habe das traditionelle Rezept zu einem Sahnelikör abgewandelt.

Gewürzter Walnuss-Schoko-Sahnelikör

Ergibt 1 Liter

500 g grüne Walnüsse

15 g (1 EL) hochwertiges Kakaopulver

einige Stücke Zimtrinde (zerbrochene Zimtstangen, gibt es im Asialaden)

2 cm Stück Vanilleschote

350 ml Grappa oder Aquavit

100 ml Rum

250 g Zucker

500 ml pasteurisierte Crème double

Außerdem

Gummihandschuhe – wichtig, um schwarze Verfärbung der Hände und Nägel zu verhindern

1 sauberes, trockenes Einmachglas mit 2–3 l Fassungsvermögen

Filterbeutel zum Abseihen

1 saubere, trockene 1-l-Flasche oder mehrere kleinere Flaschen mit Verschluss

Mit Gummihandschuhen die Walnüsse waschen, abtrocknen, halbieren und ins Einmachglas geben. Den Kakao und den Zimt hinzufügen. Das Mark aus der Vanilleschote herauskratzen. Mark und Schote ebenfalls ins Glas geben. Zum Schluss den Alkohol dazugeben und das Glas verschließen.

6–9 Wochen lang auf einem sonnigen Fensterbrett aufbewahren und täglich gründlich schütteln. Der Kakao und die Gewürze neigen dazu, am Boden festzukleben, deshalb so lange schütteln, bis das Glas klar ist.

Nach dieser Zeit die Flüssigkeit in einem Filterbeutel über einer großen Schüssel abseihen und über Nacht abtropfen lassen, bis keine Flüssigkeit mehr heraustropft.*

Den Zucker hinzufügen und rühren, bis er sich aufgelöst hat. Dann die Sahne zugeben. Nochmals durch ein feines Sieb geben, die Menge abmessen und mithilfe eines Trichters in die Flasche(n) abfüllen. Verschließen und sofort genießen oder gekühlt aufbewahren.

Wenn Sie diesen Likör für Weihnachten aufheben wollen, rate ich, ihn nach Zugabe des Zuckers direkt abzufüllen. Einige Tage vor dem Fest in eine Schüssel geben, die Sahne hinzufügen, abseihen und wieder in Flaschen abfüllen. Im Kühlschrank aufbewahren und bald konsumieren.

Herstellung & Haltbarkeit: Im Sommer ansetzen. Sofort genießen – außer Sie besitzen genug Willenskraft, bis Weihnachten zu warten (siehe oben).

* Tipp: Diese übriggebliebenen gewürzten Walnüsse nicht wegwerfen, sondern in ein Glas geben, mit Marsalawein bedecken und verschließen. Als Nachtisch nach dem Essen mit Käse oder in einem Glas Marsala servieren. Sie schmecken wunderbar schokoladig.

„Gin-Tonikum"

Dieses Getränk wurde ursprünglich stets im Juni zubereitet, wenn überall auf dem Land in Hecken und auf Brachflächen die duftenden, cremeweißen Holunderblüten Saison hatten. Ich habe das Rezept ein wenig abgewandelt, indem ich auch andere duftende essbare Blüten wie Rosenblätter, Lavendel und Orangenblüten verwende. Das Originalrezept enthält Weinbrand, aber auch Wodka würde funktionieren. Ich habe mich für Gin entschieden.

Ergibt 500 ml

100 g flüssiger Honig

200 ml Dessertwein

3 Handvoll frische Holunderblüten, Rosen-, Lavendel-, Jasmin-, Geranien- oder Orangenblütenblätter oder eine Mischung

1 Vanilleschote

300 ml hochwertiger Gin oder anderer Alkohol

Außerdem

1 sauberes, trockenes Einmachglas mit 2-3 l Fassungsvermögen

Filterbeutel zum Abseihen

1 saubere, trockene 500-ml-Flasche mit Verschluss

Den Honig leicht erwärmen und mit dem Wein mischen, dann abkühlen lassen. Die Blüten oder Blütenblätter mit der Honig-Wein-Mischung in eine flache Schale geben.

Die Vanilleschote aufschneiden, das Mark herauskratzen und beides mit in die Schüssel geben. Mit einem sauberen Tuch bedeckt 3 Tage stehen lassen.

In ein großes Einmachglas umfüllen und die Hälfte des Gins (oder entsprechend anderen Alkohol) zugeben. Gut umrühren und 6–7 Wochen durchziehen lassen.

Nach dieser Zeit die Flüssigkeit durch einen Filterbeutel über einer großen Schüssel abseihen und über Nacht abtropfen lassen. Mithilfe eines Trichters in die Flasche(n) abfüllen. Mit dem verbleibenden Gin auffüllen und verschließen. Vor dem Trinken einige Monate dunkel lagern.

Herstellung & Haltbarkeit: Im Sommer ansetzen. Bis Weihnachten in der Flasche reifen lassen. Unbegrenzt haltbar.

Sommer in Flaschen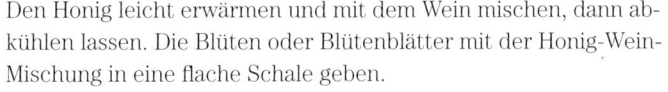

Genießen Sie dieses „Stärkungsmittel" nach dem Essen, über Eiscreme geträufelt oder mit Mineralwasser verdünnt als erfrischenden Sommer-Aperitif – und vergessen Sie nicht, einige frische Blütenblätter darauf schwimmen zu lassen.

Kirsch-Weinbrand

An einem heißen Sommertag zwischen den belaubten Zweigen eines Kirschbaums voller Früchte zu verschwinden, ist ein ganz besonderes Vergnügen. Ich kann mich noch gut daran erinnern, wie ich als Kind in einem Garten in Herefordshire Kirschen pflücken war und den Korb voll praller Früchte nach Hause brachte. Seit damals habe ich Kirschplantagen in Italien und Frankreich kennengelernt, aber sobald ich die Augen schließe und in eine Kirsche beiße, sitze ich wieder in diesem Baum von damals.

Ergibt 750 ml bis 1 Liter	Außerdem
500 g reife Kirschen	1 sauberes, trockenes Einmachglas mit 2-3 l Fassungsvermögen
250-300 g Zucker	
1 kleines Stück Bio-Orangenschale	Filterbeutel zum Abseihen
500 ml Weinbrand	1 saubere, trockene 750-ml-Flasche oder, falls noch Sahne hinzugefügt wird, 1 1-l-Flasche oder mehrere kleine Flaschen mit Verschluss
300-500 ml Crème double, nach Geschmack (siehe Kirsch-Sahnelikör Variation unten)	

Das Obst waschen und abtropfen lassen, dann je nach Wetter in einer großen flachen Schale in der Sonne oder sonst auf einem sauberen Tuch trocknen lassen.

Die Kirschen mit einem Kartoffelstampfer zerquetschen. Eine Handvoll Kirschkerne im Mörser zerstoßen.

Die Früchte und die zerstoßenen Kerne zusammen mit dem Zucker und der Orangenschale in ein großes Einmachglas geben. Den Weinbrand hinzufügen, das Glas sorgfältig verschließen und entweder draußen in der Sonne oder auf einem Fensterbrett 6 Wochen durchziehen lassen. Dabei das Glas jeden Tag gründlich schütteln.

Nach dieser Zeit die Flüssigkeit durch einen Filterbeutel über einer großen Schüssel abseihen und über Nacht abtropfen lassen. Mithilfe eines Trichters in die Flasche(n) abfüllen und verschließen. Im Dunkeln lagern und zu Weihnachten genießen.

Herstellung & Haltbarkeit: Im Frühsommer ansetzen. In der Flasche 5 Monate reifen lassen. Unbegrenzt haltbar.

Variation: Für Kirsch-Sahnelikör die Sahne zur abgeseihten Flüssigkeit geben, gut mischen, erneut absieben und wie gewohnt in Flaschen abfüllen. Im Lauf der Zeit werden sich Likör und Sahne trennen – dann einfach die Flasche schütteln. Kann direkt getrunken werden, hält sich aber im Kühlschrank einige Monate.

Foto rechts: Kirsch-Weinbrand (links) und Kirsch-Sahnelikör

Mengen & Flaschenabfüllung

Es ist immer schwierig abzuschätzen, wie viel fertigen Likör die Zutaten ergeben. Während das Obst in der Sonne gärt, verdampft der Alkohol. Messen Sie die Menge deshalb beim Abseihen immer ab und wählen Sie Ihre Flaschen entsprechend. Versuchen Sie stets, die Flasche zu füllen und möglichst wenig Luft zu lassen. Mehrere kleinere Flaschen statt einer großen eignen sich als Geschenke.

Mrs. Beetons „Schneller Kirschwein"

Bei Mrs. Beeton (siehe Literaturverzeichnis) hieß dieses Rezept Kirschwein, was in unseren Ohren seltsam klingt, weil Wein im Gegensatz zu Likör keinen Schnaps enthält. Aber wie jeder Schriftsteller Ihnen versichern wird, verändert sich die Sprache ständig weiter, nicht nur was Begriffe und Wendungen betrifft, sondern auch die eigentliche Bedeutung von Wörtern – erst recht, wenn es um Getränke geht. Wir würden nie annehmen, dass ein Sirup Alkohol enthält oder ein Wein Schnaps. Mrs. Beeton und ihre Zeitgenossen hingegen schon.

Ergibt 500 ml

Pro 500 ml gewonnenem Kirschsaft:

125 g Würfelzucker

1 Prise gemahlene Muskatblüte, Piment und Nelken

125 ml Weinbrand

125 ml brauner Rum

Außerdem

Flotte Lotte (Passiergerät)

1 saubere, trockene Flasche, passend zur Flüssigkeitsmenge, oder mehrere kleinere Flaschen mit Verschluss

Hinweis: Die Menge Obst ist absichtlich nicht angegeben, da sich das Rezept nach der Menge des gewonnenen Kirschsafts richtet. Die Kirschen werden mit Stein gekocht und die Kerne dann entfernt. Die Saftmenge schwankt je nach Verdampfung und Größe der Kerne. Eine grobe Richtlinie ist: 1 kg Kirschen ergibt etwa 200 ml Saft und 500 ml Likör. Bei Pflaumen, Zwetschgen oder Renekloden kann die Menge jedoch stark variieren.

Die Kirschen in einer hitzefesten Schüssel über einem Topf mit köchelndem Wasser sanft kochen, bis der Saft austritt. Das kann bis zu einer Stunde dauern.

Das Obst in eine Flotte Lotte über einer Schüssel umfüllen. So viel Saft wie möglich herauspressen. Den Saft dann durch ein mit einem Baumwolltuch ausgelegtes Sieb streichen und die Menge abmessen. Falls Sie kein Passiergerät besitzen, die Kirschen mit dem Löffelrücken durch ein Sieb streichen (kostet aber Zeit und Kraft).

Den Saft mit dem Zucker und den Gewürzen in einen großen Topf geben und einige Minuten kochen lassen. Dann erneut durch ein mit einem Tuch ausgelegtes Sieb gießen, den Alkohol hinzufügen, mithilfe eines Trichters in die Flasche(n) abfüllen und verschließen.

Herstellung & Haltbarkeit: Im Hochsommer zubereiten. Kann gleich getrunken werden. Unbegrenzt haltbar.

Landtierarzt – aromatischer Fruchtlikör

Ich habe dieses handgeschriebene Rezept im Notizbuch eines Landtierarztes aus dem 19. Jahrhundert gefunden, zusammen mit allen möglichen hilfreichen Tipps zur Viehhaltung. Der Likör wurde im Original mit wilden Holunderbeeren hergestellt, was ein ebenso köstliches Resultat erzielt, aber Sie können dazu alle Johannisbeeren oder wilden Beeren verwenden, die bei Ihnen in der Nähe wachsen. Die Zugabe des Fenchels ist meine persönliche Note. Als ich im Juli mit der Herstellung dieses Likörs beschäftigt war, waren die Fenchelbüsche in meinem Garten gerade von unzähligen winzigen gelben Blüten übersät. Wenn Sie keine Fenchelblüten haben, lassen Sie sie einfach weg. Nehmen Sie auf keinen Fall stattdessen Fenchelsamen, da ihr Aroma zu stark ist. Ob Sie Gin oder Wodka verwenden, bleibt Ihnen überlassen.

Ergibt 500 ml

200 g schwarze Johannisbeeren, Holunderbeeren, Hagebutten oder andere wilde Beeren

2 Nelken

6 zerstoßene Wacholderbeeren

1 TL Kreuzkümmelsamen

2 Fenchelblütendolden (optional)

200 g Zucker

400 ml Gin oder Wodka

Außerdem

große flache Schüssel

Mörser & Stößel

1 sauberes, trockenes Einmachglas mit 2–3 l Fassungsvermögen

Filterbeutel zum Abseihen

1 saubere, trockene 500-ml-Flasche oder mehrere kleinere Flaschen mit Verschluss

Das Obst waschen, abtropfen lassen und in einer großen flachen Schüssel je nach Wetter in der Sonne oder ansonsten auf einem sauberen Tuch trocknen lassen. Das Obst dann im Mörser zerkleinern. Die zerstoßenen Früchte ins große Einmachglas geben und die Gewürze, die Kräuter, den Zucker und den Wodka oder Gin hinzufügen. Verschließen und 3 Wochen auf einem sonnigen Fensterbrett ziehen lassen. Dabei täglich schütteln, damit sich der Zucker auflöst – das dauert etwa 2 Wochen.

Nach dieser Zeit die Flüssigkeit durch einen Filterbeutel über einer großen Schüssel über Nacht abtropfen lassen oder bis es nicht mehr tropft. Die Flüssigkeitsmenge abmessen, mithilfe eines Trichters in die Flasche(n) abfüllen und verschließen. Vor dem Öffnen einen Monat dunkel lagern, besser jedoch 6 Monate oder noch länger.

Herstellung & Haltbarkeit: Im Hochsommer zubereiten. Unbegrenzt haltbar.

Geduld wird belohnt

Zur Herstellung von Likör braucht man nur ganz wenig Spezialausrüstung – dafür aber Geduld. Ein großes Einmachglas mit breiter Öffnung ist unerlässlich und später muss das Obst durch einen Filterbeutel oder ein Baumwolltuch abgeseiht und in Flaschen abgefüllt werden. Es empfiehlt sich, das Glas mit einem Aufkleber mit dem Datum zu versehen, an dem der Likör aufgesetzt wurde. Flaschen müssen nicht sterilisiert werden. Bei einem so hohen Zucker- und Alkoholgehalt besteht wenig Gefahr, dass Bakterien ihr Unwesen treiben können. Waschen Sie die Flaschen vor Verwendung einfach mit heißem Seifenwasser aus. Nach dem Abfüllen das Datum der Abfüllung auf den Flaschen vermerken und wann der Likör am besten getrunken werden sollte. Dann sollte man den Likör vor dem Öffnen einige Monate reifen lassen, damit er sein volles Aroma entfaltet. Traditionell wird er deshalb im Sommer angesetzt, wenn die Zutaten Saison haben, und zu Weihnachten genossen.

Johannisbeer-Rosmarin-Wodka

Die reine, leuchtende Farbe roter Johannisbeeren ist herrlich, geradezu perfekt für Gelee und Getränke. Die langen Trauben mit den roten, glasähnlichen Beeren hängen in Hülle und Fülle am Busch und lassen sich leicht ernten. Mit Wodka lassen sich wunderbar runde Fruchtdrinks herstellen, weil er die Säure des Obsts so gut ausgleicht. Für ein besonderes Aroma habe ich hier noch Rosmarin hinzugefügt. Es würde sich durchaus lohnen, auch mit Thymian, Majoran und Fenchel zu experimentieren – ja sogar mit einer Kombination aus Wodka und gemischten Kräutern.

Ergibt 750 ml

400 g rote Johannisbeeren

1 großer Zweig Rosmarin

350 g brauner Zucker

500 ml Wodka

Außerdem

1 sauberes, trockenes Einmachglas mit 2–3 l Fassungsvermögen

Filterbeutel zum Abseihen

1 saubere, trockene 750-ml-Flasche oder mehrere kleinere Flaschen mit Verschluss

Die Beeren waschen und trocknen. Mithilfe einer Gabel die Beeren vom Stiel lösen und zusammen mit dem Rosmarin und dem Zucker in einem Mörser zerstoßen (siehe *Bild* 1). Mit einem sauberen Tuch bedecken und über Nacht durchziehen lassen.

Am nächsten Tag die zerstoßenen Beeren samt Saft ins große Einmachglas füllen und den Wodka hinzufügen (siehe *Bild* 2). Verschließen und 2 Monate auf einem sonnigen Fensterbrett ziehen lassen. Täglich schütteln.

Nach dieser Zeit die Flüssigkeit durch einen Filterbeutel über einer großen Schüssel über Nacht abtropfen lassen oder bis es nicht mehr tropft. Die Flüssigkeitsmenge abmessen, mithilfe eines Trichters in die Flasche(n) abfüllen und verschließen. Im Dunkeln vor dem Öffnen einen Monat lagern.

Pfirsich-Vanille-Wodka

Bei diesem Rezept lässt sich prima mit verschiedenen Geschmacksrichtungen und dem jeweiligen verfügbaren Obst experimentieren – Pfirsiche, Nektarinen, Aprikosen, Renekloden, Pflaumen oder eine Mischung. Mit individuellen Gewürzen geben Sie dem Ganzen eine persönliche Note. Probieren Sie auch Aprikose und Mandelaroma, Nektarine und Sternanis, Pflaume und Kardamom. Ersetzen Sie den Wodka durch Gin oder einen anderen farblosen Schnaps. Wenn keine Sonne scheint, schieben Sie das Mus einfach bei niedriger Temperatur und offener Tür für einige Stunden in den Backofen.

Das Obst waschen, halbieren und die Kerne entfernen – 3 davon aufheben. Das Obst in einen Topf geben und gerade so viel Wasser hinzufügen, dass der Boden bedeckt ist.

Mithilfe eines Mörsers die 3 Kerne zerstoßen, um an das Innere zu gelangen. Dieses mit in den Topf geben. Die Vanilleschote aufschneiden, das Mark herauskratzen und beides zum Obst geben.

Mit einem Deckel zudecken und so lange kochen, bis die Früchte ganz weich sind – das dauert 1–2 Stunden, je nach Reifegrad des Obstes.

Mit einem Kartoffelstampfer zu feinem Mus verarbeiten, in eine flache Schüssel umfüllen und mit einer feinen Stoffhaube vor Fliegen geschützt 8 Stunden in die pralle Sonne stellen (siehe oben).

Danach das Fruchtmus in das große Einmachglas füllen und den Alkohol hinzufügen. Sorgfältig verschließen und 2–3 Wochen durchziehen lassen. Einmal täglich schütteln.

Den Zucker in dem kochenden Wasser auflösen und abkühlen lassen. Die Zitronensäure unterrühren. Dann das Fruchtmus hinzugeben und gut vermischen.

Die Flüssigkeit in einem Filterbeutel über einer großen Schüssel über Nacht abtropfen lassen oder bis es nicht mehr tropft. Die Flüssigkeitsmenge abmessen, mithilfe eines Trichters in die Flasche(n) abfüllen und verschließen. Dunkel lagern und zu Weihnachten genießen.

Herstellung & Haltbarkeit: Im Hochsommer zubereiten. Dann bis Weihnachten in der Flasche reifen lassen. Unbegrenzt haltbar.

Vorherige Seiten: Johannisbeer-Rosmarin-Wodka (links) und Pfirsich-Vanille-Wodka

Ergibt 1 Liter

500 g entkerntes Obst
(Pfirsiche, Nektarinen, Aprikosen, Pflaumen oder Renekloden)

1 Vanilleschote

700 ml Wodka oder anderer hochprozentiger Alkohol

300 g Zucker

150 ml kochendes Wasser

1 Prise Zitronensäure

Außerdem

flache Schale

feine Stoffhaube

sauberes, trockenes Einmachglas mit 2-3 l Fassungsvermögen

Filterbeutel zum Abseihen

1 saubere, trockene 750-ml-Flasche oder mehrere kleinere Flaschen mit Verschluss

Erdbeer-Rum-Likör

Dieses Rezept entstand aus dem überwältigenden Bedürfnis, die Essenz von vollreifen, frisch gepflückten, süß duftenden Erdbeeren einzufangen. Zur Erdbeersaison koche ich viel Marmelade und bin stets auf der Suche nach der perfekten Erdbeere. Da mein Obst- und Gemüsehändler das weiß, tauchte er eines Tages mit einigen Kisten voll schönster Erdbeeren auf – durch und durch rot. Wir haben einige gegessen, ich habe Marmelade gekocht und mich dann gefragt, was ich mit dem Rest machen soll …

Ergibt 750 ml

1 kg feste, reife Erdbeeren aus der Region, geputzt und geviertelt

100 g Zucker

250 ml weißer Rum

750 ml Schaumwein oder Mineralwasser zum Servieren

Außerdem

Wasserbadtopf oder Topf und Schüssel

Filterbeutel zum Abseihen

1 saubere, trockene 750-ml-Flasche oder mehrere kleinere Flaschen mit Verschluss

Die Erdbeeren oben in einen Wasserbadtopf oder in eine Schüssel über einem Wasserbad geben. Zusammen mit dem Zucker bei mittlerer Hitze langsam zum Kochen bringen (siehe *Bild* 1). Halb mit einem Deckel zudecken und 30–45 Minuten köcheln lassen, bis der Saft herausläuft.

Die Beeren samt Saft in einem Filterbeutel über einer großen Schüssel über Nacht abtropfen lassen oder bis es nicht mehr tropft (siehe *Bild* 2).

Am nächsten Tag die Saftmenge abmessen (drücken Sie den Beutel nicht, weil der Saft sonst trüb wird) – es sollten etwa 400–500 ml sein. Abkühlen lassen und dann den Rum zugeben (siehe Bild 3). Mithilfe eines Trichters in die Flasche(n) abfüllen und verschließen.

Zum Servieren ein Drittel Erdbeer-Rum-Likör mit zwei Dritteln Sekt oder Mineralwasser mischen.

Herstellung & Haltbarkeit: Während der Erdbeersaison zubereiten. Kann gleich getrunken werden. Hält sich 6 Monate, bevor das Aroma und die Farbe nachlassen.

Experimentieren Sie!

Die Verlockung ist groß, mehr Früchte in den
Alkohol zu mischen, als es Tradition und
Rezepte vorsehen. Wenn man das Verhältnis
jedoch zu sehr verändert, fängt der Likör an zu
gären und der Flaschenverschluss gibt nach.
Deshalb sollte man sich immer ans Rezept hal-
ten. Wo Sie Ihrer Experimentierfreude jedoch
freien Lauf lassen können, ist bei der Art des
Alkohols, den Früchten und Aromen, aber hal-
ten Sie sich trotzdem an die Mengenangaben.
Vielleicht klingt zum Beispiel der Kaffee-Sahneli-
kör (siehe S. 144) für Sie gut, aber Sie mögen
Whisky lieber als Rum, also machen Sie ihn mit
Whisky! Sie finden den Erdbeer-Rum-Likör
lecker (siehe gegenüber), haben aber einen
Baum voller Maulbeeren oder viele Himbeeren.
Dann verwenden Sie die.

Zwetschgen-Gin

Hierbei handelt es sich um ein traditionelles britisches Getränk, oft auch auf Schlehenbasis, das die Menschen auf dem Land seit Generationen herstellen, egal welche neuen Moden die Getränkeindustrie auch hervorbringt. Zwetschgen sind kleiner als Pflaumen, werden aber auch normal angebaut, während Schlehen sozusagen die wilden Verwandten sind, die in den Hecken wachsen. Beides sind Herbstfrüchte, und auch wilde Pflaumen eignen sich für dieses Rezept.

Ergibt 1 Liter

600 g Zwetschgen (oder Schlehen)

200 g brauner Zucker

750 ml Gin

Außerdem

1 sauberes, trockenes Einmachglas mit 2–3 l Fassungsvermögen

feines Baumwolltuch zum Abseihen

1 saubere, trockene 750 ml Flasche oder mehrere kleinere Flaschen mit Verschluss

Das Obst waschen und abtropfen lassen, dann in einer großen flachen Schale in der Sonne oder auf einem sauberen Tuch trocknen lassen.

Die Zwetschgen mit den Zinken einer Gabel (am besten aus Silber) anstechen (siehe *Bild* 1) und in ein großes Einmachglas geben. Den Zucker und den Gin hinzufügen (siehe *Bild* 2), das Glas verschließen und 6 Wochen ziehen lassen. Dabei täglich schütteln (siehe *Bild* 3).

Nach dieser Zeit die Flüssigkeit durch ein mit einem feinem Baumwolltuch ausgelegtes Sieb oder in einem Filterbeutel über einer großen Schüssel über Nacht abtropfen lassen oder bis es nicht mehr tropft (siehe *Bild* 4). Die Flüssigkeitsmenge abmessen und in die Flasche(n) abfüllen (siehe *Bild* 5).

Herstellung & Haltbarkeit: Im Spätsommer oder frühen Herbst zubereiten. Bis Weihnachten in der Flasche reifen lassen. Unbegrenzt haltbar.

3

4

5

Foto rechts: Vanille-Weinbrand

Schneller Brombeer-Weinbrand

Dieser wärmende Fruchtlikör kann mit jedem meiner Sirupzezepte zubereitet werden (siehe S. 10–43), aber ich führe trotzdem unten noch mal die gesamte Anleitung auf. Er muss weder durchziehen noch reifen und kann deshalb sofort konsumiert werden. Heiß oder kalt genießen!

Ergibt 500 ml

400 g Brombeeren oder Himbeeren oder eine Mischung

250 g Zucker

400 ml Wasser

1 winzige Prise gemahlene Nelken

1 großzügige Prise Zimt- und Ingwerpulver

100 ml Weinbrand

Außerdem

Filterbeutel zum Abseihen

1 saubere, trockene 500-ml-Flasche oder mehrere kleinere Flaschen mit Verschluss

Die Beeren mit der Hälfte des Zuckers und 125 ml Wasser in den Topf geben, die Gewürze hinzufügen, zum Kochen bringen und dann einige Minuten köcheln lassen.

Den restlichen Zucker mit 125 ml Wasser in einem Topf zum Kochen bringen. Umrühren und 5 Minuten sanft köcheln lassen, bis der Sirup um ein Drittel eingedickt ist.

Die beiden Flüssigkeiten verrühren und in einem Filterbeutel über einer großen Schüssel über Nacht abtropfen lassen oder bis es nicht mehr tropft. Mit 150 ml kochendem Wasser aufgießen. Nach dem Abkühlen den Weinbrand hinzugeben. Die Menge abmessen und mithilfe eines Trichters in die Flasche(n) abfüllen und verschließen.

Herstellung & Haltbarkeit: Im Spätsommer/frühen Herbst zubereiten. Sofort trinkfertig. Etwa 1 Monat haltbar.

Vanille-Weinbrand

In Weinbrand oder Zuckersirup eingelegte Vanilleschoten oder andere ganze Gewürze ergeben einen wunderbar milden Likör, der ein Essen perfekt abrundet. Ein Schuss davon im Kaffee sorgt für extra Wärme von innen.

Ergibt 750 ml

1 Vanilleschote

500 ml einfacher Weinbrand

175 ml Wasser

175 g Zucker

Außerdem

1 saubere, trockene Flasche mit 750 ml oder 1 l Fassungsvermögen

Das Vanillemark zusammen mit der Schote in die Weinbrandflasche geben. Verschließen, schütteln und 2 Wochen an einem dunklen, warmen Ort aufbewahren. Abseihen, dabei die Vanilleschote aufbewahren. Das Wasser und den Zucker in einem Topf langsam zum Kochen bringen. Gut umrühren, bis sich der Zucker aufgelöst hat, vom Herd nehmen und abkühlen lassen. Den Weinbrand hinzufügen und umrühren. Mithilfe eines Trichters in eine Flasche abfüllen und die Vanilleschote wieder hineingeben. Verschließen und im Dunkeln 6–12 Monate ziehen lassen.

Herstellung & Haltbarkeit: Kann jederzeit zubereitet werden. Unbegrenzt haltbar.

Variation: Probieren Sie auch mal Zimtstangen, Ingwerwurzel, Sternanis oder andere ganze Gewürze aus.

Venezianischer Eierlikör

Eierlikör oder Vov, wie er in Italien genannt wird, ist an vielen Orten der Welt ein traditionelles Weihnachtsgetränk. Das Wort vov leitet sich vom italienischen Dialektbegriff für Ei ab. Er wird wie alle Eierliköre mit Milch oder Sahne, Eigelb, Weinbrand und Zucker hergestellt. Vov enthält allerdings auch Marsala, was ihn zu einer Art flüssiger Zabaglione macht. Traditionell wurde er in Tongefäßen abgefüllt, heute bewahrt man ihn in Glasflaschen im Kühlschrank auf. Heiß oder kalt genießen.

Ergibt 1,5 Liter

1 Vanilleschote

1 l Vollmilch

6 Eigelb

250 g Zucker

200 ml Marsala

150 ml Weinbrand

Außerdem

2 saubere, trockene 750-ml-Flaschen mit Verschluss

Die Vanilleschote aufschlitzen, das Mark herauskratzen und zusammen mit der Schote in einem Topf mit der Milch sanft erhitzen bringen. Dabei immer wieder mit dem Rührbesen schlagen.

In einem zweiten Topf das Eigelb mit dem Zucker und dem Marsala verquirlen (siehe *Bild* 1).

Wenn die Vanillemilch heiß ist, aber noch nicht kocht, unter die Eigelbmischung rühren (siehe *Bild* 2).

Den Topf auf mittlerer Hitze erwärmen, dabei die ganze Zeit rühren. Die Mischung darf nicht kochen, da sie sonst stockt. Wenn sie anfängt einzudicken, ist sie fertig. Bei Anzeichen von Stocken oder Trennen sofort vom Herd nehmen und kräftig durchschlagen.

Durch ein feines Sieb in einen Topf oder Messbecher abseihen (siehe *Bild* 3), den Weinbrand hinzufügen, abkühlen lassen und mithilfe eines Trichters in Flaschen abfüllen.

Vor dem Servieren 2 Tage ruhen lassen. Im Kühlschrank aufbewahren und vor dem Einschenken gut schütteln.

Herstellung & Haltbarkeit: Kann zu jeder Jahreszeit zubereitet werden, passt aber am besten in den Winter. Etwa 6 Monate haltbar.

Variation: Nach Originalrezept wird der Vov mit 90-prozentigem Alkohol statt mit Weinbrand zubereitet. In diesem Fall jedoch 100 g mehr Zucker nehmen. Sie können auch eine Variante nur mit Weinbrand (dieselbe Menge, aber kein Marsala) zubereiten und etwas gemahlene Muskatnuss darüberstreuen.

Foto auf S. 145

Aufbewahrung

Es ist nicht nötig, Liköre im Kühlschrank aufzubewahren. Sie sind unbegrenzt haltbar – zumindest solange noch etwas in der Flasche ist und sie kühl und lichtgeschützt aufbewahrt werden. Sahne- und Eierlikör sollte man trotzdem am besten in den Kühlschrank stellen. Da sich die Zutaten gerne trennen, vor dem Servieren kurz schütteln. Und nicht vergessen: Vor dem Servieren auf Zimmertemperatur erwärmen lassen. Bei besonders engen Flaschenhälsen bildet sich gerne ein Pfropf, der mit einem Spieß gelöst werden kann.

1

2

3

Foto gegenüber: Venezianischer Eierlikör (links) und Kaffee-Sahnelikör

Sahne in Getränken

Man kann jedem Likör Sahne oder Crème double beimischen. Crème double verleiht dem Ganzen natürlich den feinsten Geschmack, bildet aber auch gerne einen Pfropf im Flaschenhals. Normale Sahne benimmt sich meist gut, bleibt bis zuletzt flüssig, schmeckt und wirkt optisch aber auch nicht ganz so schön. Egal wofür Sie sich entscheiden, Sie sollten die Flasche dann im Kühlschrank aufbewahren, um längere Haltbarkeit zu garantieren. Vor dem Servieren aber auf Zimmertemperatur erwärmen lassen und einmal kräftig schütteln.

Kaffee-Sahnelikör

Der perfekte Abschluss eines feinen Essens! Wenn Sie Sahnelikör mögen, geben Sie Sahne dazu oder genießen Sie ihn pur, wenn Sie ihn stärker bevorzugen. Passt in jede Jahreszeit.

Ergibt 1 Liter

1 Bio-Zitrone

175 g fein gemahlenes Kaffeepulver

500 ml Rum

400 g brauner oder weißer Zucker

500 ml Crème double oder Schlagsahne

Außerdem

1 sauberes, trockenes Einmachglas mit 1–2 l Fassungsvermögen

feines Baumwolltuch zum Abseihen

1 saubere, trockene 1-l-Flasche oder mehrere kleinere Flaschen mit Verschluss

Die Zitrone abbürsten, dann die Schale fein mit einem Kartoffelschäler abschälen. Ins Einmachglas geben, den Kaffee und den Rum hinzufügen und 1 Woche stehen lassen.

Den Zucker dazugeben und gut schütteln, damit er sich auflöst.

7 weitere Tage stehen lassen, dabei zweimal täglich schütteln.

Durch ein mit feinem Baumwolltuch ausgelegtes Sieb in eine Flasche abseihen und 3 Monate ziehen lassen.

Vor dem Servieren die Sahne hinzufügen und schütteln.

Im Kühlschrank oder an einem kühlen Ort aufbewahren. Vor dem Einschenken auf Zimmertemperatur bringen und die Flasche kräftig schütteln.

Herstellung & Haltbarkeit: Kann das ganze Jahr zubereitet werden. Unbegrenzt haltbar bis zur Zugabe von Sahne. Danach etwa 6 Monate im Kühlschrank haltbar.

Hinein ins Vergnügen

Bowle, Punsch & Party Drinks

vorherige Seite: Charlotte Rose (siehe S. 155)

Bowle, Punsch & Party Drinks

Beim Anblick einer Bowleschüssel auf dem Partybuffet fühlt man sich doch gleich willkommen. Und was für ein schöner Anblick und ein wunderbares Geräusch, wenn die Kelle in die Flüssigkeit getaucht wird, um die Früchte an die Oberfläche zu bringen und eine Portion köstliche Bowle ins Glas zu füllen.

Heißer Punsch ist, genau wie Bowle, eine festliche, traditionelle und praktische Alternative, wenn es darum geht, viele Leute zu bewirten. Beides lässt sich gut im Voraus vorbereiten. Für Bowle besser gekühlte Zutaten oder einen Eisberg-Block (siehe Charlotte Rose, S. 155) statt einer Menge Eiswürfel verwenden, weil die die Bowle verwässern. Wer keine portable Heizplatte besitzt, serviert Punsch am besten direkt aus dem Topf in der Küche. Bowleschüsseln, egal ob aus Glas, Ton, Silber oder anderem Metall, sind wunderschön und für diesen Zweck bestimmt, aber es geht auch ohne. Seien Sie kreativ: Verwenden Sie einen großen Topf oder sogar eine neue große weiße Plastikschüssel oder einen Eimer und verkleiden sie diese kunstvoll mit einem hübschen Stoff oder einer festlichen Kiste, zusammen mit Blumen.

Frische Früchte machen Bowle und Punsch so appetitlich. Tropische, harte oder Zitrusfrüchte schneidet man am besten in Scheiben; Beeren, Granatapfel- oder Maracujakerne können Sie am Stück hinzugeben. Mein Tipp ist, das Obst vorher mit dem Zucker (falls Sie welchen verwenden) in Alkohol einzulegen und die restlichen gekühlten Zutaten hinzuzufügen, sobald die Gäste eintreffen.

Es sprudelt

Bei der Zubereitung von Partygetränken greift man nur zu gerne zu Schaumwein oder Sekt, aber auch Apfel- und Birnenmost oder Bier eignen sich gut für köstliche, festliche Bowlen. Mit selbstgemachtem Likör können Sie dem Ganzen noch eine besondere Note geben. Fruchtsirup verfeinert das Aroma und die Optik: Syrop de Grenadine mit Granatapfelkernen ist ein Klassiker; italienischer Lime Sciroppo sorgt für grüne Farbe, Rosenblüten für Pink und Artusis Sciroppo di Frutta für Rot.

Altenglische Cider-Bowle

Rezepte für Bowle sollten sich leicht anpassen lassen. Diese hier mache ich am Anfang gerne recht stark, um dann im Laufe des Abends die Alkoholmenge zugunsten des Mineralwassers zu reduzieren. Achten Sie darauf, die Apfelschnitze zuvor mit ausreichend Zitronensaft zu beträufeln, damit sie nicht braun werden. Wenn Sie es gerne süß mögen, folgen Sie diesem Rezept, aber probieren Sie vor dem Servieren stets, wie Ihre Bowle schmeckt. Ein bisschen Zucker kann man, falls nötig, immer noch hinzufügen.

Für 4-8 Personen

150-300 ml Calvados, nach Belieben

1 Vanilleschote

2 EL ganz feiner Zucker oder mehr, je nach Geschmack

1 l hochwertiger Apfelschaumwein (Cider)

500-750 ml Mineralwasser (optional)

1 in dünne Scheiben geschnittene Bio-Zitrone

1 Tafelapfel, ungeschält, in Schnitze geschnitten und in Zitronensaft getränkt

Außerdem

2,5-3,5-l-Bowleschüssel oder großer Edelstahltopf

Cocktail-Messbecher

Mit einem Cocktail-Messbecher den Calvados in die Bowleschüssel oder den Topf geben. Die Vanilleschote aufschlitzen, das Mark herauskratzen und zum Calvados geben. Den Feinzucker hinzufügen und mindestens eine Stunde durchziehen lassen.

Vor dem Servieren mit dem Apfelschaumwein sowie 500 ml Mineralwasser aufgießen und gut umrühren. Abschmecken und, falls nötig, mehr Zucker oder Mineralwasser hinzufügen. Zum Schluss die Früchte zugeben, nochmals umrühren und in Wein- oder Bowlegläser schöpfen.

Heißer Apfelwein

Wenn es draußen kalt ist, begrüße ich gute Freunde zu festlichen Anlässen gerne mit diesem heißen Winterpunsch. Er macht sofort angenehm warm. Bereiten Sie den Punsch am besten im Vorfeld zu, decken Sie ihn ab und erhitzen ihn einfach, sobald Ihre Gäste eintreffen. Dann in jedes Glas noch einen Apfelschnitz – fertig.

Den Weinbrand und Apfelwein zusammen mit den Nelken, dem Zimt, der Zitronenschale und dem -saft, dem Angosturabitter, dem Ingwersirup und den Äpfeln in den Topf geben. Bei mittlerer Hitze 10 Minuten sanft köcheln lassen (bei geschlossenem Deckel). Aufpassen, dass die Äpfel nicht zerfallen. Noch heiß in hitzefeste Weingläser oder Punschschalen schöpfen. Damit das Glas nicht bricht, einen Teelöffel hineinstellen.

Für 8-12 Personen

150-300 ml Weinbrand

2 l trockener Apfelwein (ohne Kohlensäure)

12 ganze Nelken

1 Zimtstange

dünn abgeschälte Schale und Saft von 2 Bio-Zitronen

1 kräftiger Schuss Angosturabitter

150 ml Ingwersirup (siehe S. 21) oder Wein

4 kleine rote Gartenäpfel, ungeschält, in dünnen Scheiben

Außerdem

großer Kupfer- oder anderer Topf mit passendem Deckel

Cocktail-Messbecher

hitzefeste Weingläser oder Punschschalen

Apfelmost-Cooler aus der Normandie

Eine meiner Entdeckungen bei meinem Besuch bei den Cidre-Produzenten in der Normandie war Pommeau (eine Mischung aus Apfelmost und Calvados). Pommeau taucht auf zahllosen traditionellen Menüs und in Rezepten auf, von Nachspeisen über Saucen bis hin zu Foie Gras. Man serviert ihn gekühlt als Aperitif oder Dessertwein und reicht ihn Gästen zu Hause oder im Restaurant. Außerhalb der Normandie bekommt man ihn nicht so leicht, aber es lohnt sich, eine Flasche davon anzuschaffen, falls Sie die Gelegenheit haben.

Für 4-8 Personen

150 g Erdbeeren, in Scheiben

2 kleine Äpfel, ungeschält, in Scheiben

150 ml Pommeau oder Calvados

300 ml Orangensaft

Eiswürfel

500 ml Normannischer Cidre (siehe S. 74)

500 ml Mineralwasser oder Ingwerbier (siehe S. 58)

Die Fruchtscheiben in den Krug geben, den Pommeau oder Calvados und den Orangensaft hinzufügen und durchziehen lassen, bis die Gäste kommen. Den Krug zur Hälfte mit Eiswürfeln füllen und mit dem Cidre und Mineralwasser oder Ingwerbier aufgießen.

Umrühren und in hohen oder normalen Saftgläsern servieren.

New Hampshire Cider Sangria

Für 4-8 Personen

1 Bio-Orange

1 Bio-Limette

1 Bio-Zitrone

70-140 ml Sherry oder
spanischer Weinbrand

Eiswürfel

1 l Three Counties Cider (siehe S. 76)
oder 500 ml Cider und
500 ml Limonade (siehe S. 50)

frisch gemahlene Muskatnuss

Feinzucker für zusätzliche Süße,
wenn nötig

Außerdem

Karaffe oder Krug mit großer Öffnung

Muskatreibe

Cocktail Messbecher

Laut Steve Wood von der amerikanischen Firma Farnum Hill Cider in New Hampshire ist die beste Bezugsquelle für reines, fruchtiges Cider, es selbst zu machen. Und zwar ganz einfach, indem man einen leichten, sommerlichen Apfelwein mit Pfirsichscheiben oder Himbeeren verfeinert oder sogar Sangria daraus macht. Wenn Sie es gerne süß mögen, nehmen Sie süßen Apfelwein, ansonsten eher trockenen.

Das Obst in Scheiben schneiden, in den Krug geben und zusammen mit der abgemessenen Menge Sherry oder Weinbrand ziehen lassen, bis die Gäste eintreffen. Dann den Krug zur Hälfte mit Eiswürfeln füllen und mit dem Three Countries Cider oder halb Cider, halb Limonade auffüllen. Etwas Muskatnuss darüberreiben, umrühren, kosten und wenn nötig noch etwas Feinzucker unterrühren. In Weingläsern servieren.

Poverty Lane Orchard Pimm's

Für 1 großes Glas

Eis

1 Teil Pimm's No. 1 (ein fertig gemischter
Drink aus Gin und Chinin), optional

2 Teile Three Countries Cider
(siehe S. 76)

2 Teile Limonade (siehe S. 50)

1 EL Florida-Cocktail-Sirup
(siehe S. 16), optional

Apfelscheibe

Orangenscheibe

Gurkenscheibe

kleiner Zweig Borretsch oder Minze

Außerdem

Cocktail-Messbecher

Rührstäbchen

Hierbei handelt es sich um eine weitere Cider-Kreation von Steve Woods, diesmal in Anlehnung an ein klassisches britisches Sommergetränk. Es sollte aber eine Warnung ausgesprochen werden, denn sowohl Apfelwein als auch Pimm's sind gerade an heißen Sommertagen besonders süffig. Wenn man sie dann auch noch mit einer Ladung leckerem Obst und Eis kombiniert, trinkt man gerne mal ein Glas zu viel ... weil's einfach so gut schmeckt. Lässt man den Pimm's weg, ist es ein leichterer, fruchtigerer Drink.

Das Glas zur Hälfte mit Eis füllen, den Pimm's, falls gewünscht, das Three Counties Cider, die Limonade und den Sirup hinzufügen. Umrühren. Dann das Obst, die Gurke und den Borretsch oder die Minze hineingeben. Nochmals umrühren und servieren.

Rosmarin-Thymian-Birnenmost

In vielen Teilen Europas trinkt man gerne aromatisierten Apfel- und Birnenmost. Viel leckerer als Fertigprodukte sind aber die selbstgemachten Varianten, für die man einfach Beeren und anderes Obst zerdrückt und mit Most aufgießt, wodurch man den frischen, fruchtigen Geschmack ohne künstliche Zusatzstoffe erhält. Probieren Sie unbedingt mal diese ungewöhnliche Birnenmost-Kräuter-Variante aus.

Für 2-3 Personen

2 Zweige Rosmarin

2 Zweige Thymian

800 ml Birnenmost (siehe S. 76 und 80)

2 EL Zuckersirup (siehe S. 108), optional

Außerdem

Krug und große Gläser

Die Kräuter in einen Krug geben und mit einem Kartoffelstampfer etwas zerdrücken. Den Birnenmost und den Zuckersirup (sofern Sie welchen verwenden) hinzugeben. In Gläser füllen und servieren.

Hinweis: Vor allem in Großbritannien sind Cider und Perry traditionell still, also ohne Kohlensäure, und viele Kenner trinken sie lieber bei Zimmertemperatur als gekühlt. Ich habe deshalb keine Angaben bezüglich mit/ohne Kohlensäure gemacht und in diesem Rezept auch kein Eis verwendet. Das können Sie selbst bestimmen.

Charlotte Rose

Diese hübsche Bowle wird mit Rosenblütensirup, Erdbeer-Rum-Likör und Cointreau oder Orangello (die Orangen-Variante von Limoncello) sowie Wein oder Apfelwein zubereitet. Sie können auch mit anderen Sirupsorten experimentieren, aber bleiben Sie bei rosafarbenen und roten, um die schöne Farbe zu erhalten.

Für 8-12 Personen

Eisberg (siehe Methode)

140 ml Cointreau oder Orangello (siehe S. 120)

140 ml Erdbeer-Rum-Likör (siehe S. 136)

140 ml Rosenblütensirup (siehe S. 29)

1-2 kleine Bio-Orangen, in Scheiben

250 g Erdbeeren, halbiert

Saft und dünn abgeschälte Schale von 4 kleinen Bio-Orangen

1,5 l Weißwein oder Apfelwein, gekühlt

1 Schuss Angosturabitter

ganz feiner Zucker, nach Geschmack

1 Erdbeere für jedes Glas

Außerdem

1 l Plastikbehälter mit Deckel

Cocktail-Messbecher

Bowleschüssel und Schalen oder Gläser

Am Tag zuvor einen Eisberg vorbereiten. Dazu einen 1-l-Plastikbehälter mit Wasser füllen (wegen der Ausdehnung etwas Platz lassen), mit dem Deckel verschließen und ins Gefrierfach stellen.

Eine Stunde bevor die Gäste eintreffen, den abgemessenen Likör, den Sirup, das Obst, die Orangenschale und den -saft in eine Bowleschüssel geben und durchziehen lassen. Bei Eintreffen der ersten Gäste den Eisberg, den gekühlten (Apfel-)Wein und den Angosturabitter hinzufügen und umrühren. Abschmecken und, wenn nötig, mit Zucker nachsüßen. Eine Erdbeere in jedes Glas geben und servieren.

Foto auf S. 146

links: Black Velvet Spezial und Limonaden-Limetten-Shandy

Black Velvet Spezial

Als stillende Mutter bin ich auf den Geschmack von Guinness gekommen (damals wurde frisch gebackenen Müttern von den Hebammen noch Starkbier oder Guinness „verschrieben"). Seither trinke ich vor allem im Winter gerne mal ein Guinness. Als Partydrink wird es, gemischt mit hausgemachtem Fenchelblüten-„Prosecco", zu einem leichten, luftigen, süß-säuerlichen Genuss. Wer nichts Selbstgemachtes zur Hand hat, nimmt einfach Sekt oder Prosecco. Wenn Sie Guinness mögen, werden Sie diesen Drink lieben.

Für 1 Glas

150 ml Guinness

150 ml gekühlter Fenchelblüten-„Prosecco" (siehe S. 48)

Außerdem

Stielglas oder Becher

Das Guinness vorsichtig einschenken und dann mit Fenchelblüten-„Prosecco" auffüllen.

Limonaden-Limetten-Shandy

Shandys, also Biermischgetränke, sind als alkoholische Durstlöscher in Nordeuropa schon seit Jahrzehnten beliebt. Sie können Ihren eigenen Shandy zu Hause ganz einfach selbst machen, indem Sie Bier und hausgemachte Limonade mischen und Limetten- oder Zitronensaft hinzufügen. Oder, wenn Sie es nicht ganz so süß mögen, probieren Sie es mal mit dem Zitronenwasserrezept aus diesem Buch.

Für 2 Personen

2 EL + 1 TL Ingwersirup (siehe S. 21)

500 ml gekühltes Zitronenwasser oder Limonade (siehe S. 22, 50)

500 ml gekühltes Bier

Saft von 1 Limette

Prise Mixed Spice, optional (Gewürzmischung aus 4 TL gem. Koriander, 4 TL gem. Zimt, 1 TL gem. Piment, 4 TL gem. Muskatnuss, 2 TL gem. Ingwer, 1 TL gem. Nelken)

2 Limettenspalten

Außerdem

2 Gläser mit 550 ml Fassungsvermögen

Den Ingwersirup zwischen den beiden Gläsern aufteilen. Je die Hälfte Zitronenwasser oder Limonade in die Gläser geben, mit dem Bier auffüllen und pro Glas die Hälfte des Limettensaftes hinzufügen. Nach Geschmack mit einer Prise Mixed-Spice-Gewürz verfeinern. Umrühren und mit einer Limettenspalte servieren.

Gewürztes Weihnachtsbier

Wer keine Bowleschüssel mit Schöpfer besitzt, improvisiert mit dem größten verfügbaren Gefäß. Und falls das nicht sonderlich elegant ist, einfach in ein weißes oder hübsch gemustertes Tischtuch wickeln, mit Efeu und bunten Bändern dekorieren und das Bier mit einem kleinen Krug schöpfen. Dieses Getränk funktioniert mit normalem Bier oder zum Beispiel mit Guinness.

Für 8–12 Personen

eine Handvoll helle Rosinen

250 ml Marsala, Sherry,
Weinbrand oder Rum

150 ml Ingwersirup (siehe S. 21) oder
200 g ganz feiner Zucker

1 Prise Muskatnuss, Ingwer und Zimt

2 l helles, dunkles oder Starkbier

Eis, optional

Außerdem

Bowleschüssel und Becher
oder Gläser

Die Rosinen in die Schüssel geben, den abgemessenen Marsala, Sherry, Weinbrand oder Rum, den Ingwersirup oder Zucker und die Gewürze hinzufügen. Ziehen lassen. Wenn die Gäste eintreffen, das Bier und gegebenenfalls das Eis dazugeben. Umrühren und in Bechern oder Gläsern servieren.

Happy Hour

Schicke Cocktails mit und ohne Alkohol

Selbst gemixte Cocktails

Ich bin in den Fünfzigerjahren groß geworden, und meine Mutter trank besonders gerne „Gin and it", eine Mischung aus Gin und süßem Wermut mit – ganz wichtig – einer Maraschino-Kirsche auf einem Cocktailspieß. Ich kann es immer noch riechen und vor mir sehen: Sie trank diesen Cocktail aus einem Glas mit eingraviertem Muster, und in der Mitte des dunklen, köstlichen, süßen Teiches prangte die leuchtend rote Kirsche.

Damals trugen Männer noch Frack zu Tanzveranstaltungen, die Frauen Kleider im Chanel-Stil mit weiten Röcken und dazu lange Handschuhe. Rauchen war eine sorglose Angewohnheit, und meine Eltern besaßen beide Zigarettenetuis. Zu besonderen Anlässen füllte meine Mutter ihres mit der Marke Sobranie: pastellbunte Zigaretten mit goldener Spitze statt der üblichen weißen.

Das war bevor Mr. Schweppes mit seinen kleinen Fläschchen Bitter Lemon, Orangensaft, Tonic Water und Soda den Markt eroberte und damit die Welt der Drinks auf den Kopf stellte – zumindest bei uns zu Hause. Auf einmal waren Cocktailbars Schnee von gestern und verschwanden nach und nach oder existierten nur noch in großen internationalen Hotels, wo zurückhaltende, aber dennoch unglaublich elegante Barkeeper der Kunst des Cocktailmixens frönten.

In den Siebzigerjahren arbeitete ich in Rom, gleich oben an der Spanischen Treppe, um die Ecke vom Hassler Roma Hotel. Dort unterrichtete „il barista" mich in den Feinheiten des Whisky Sour: geschüttelt, nicht gerührt. Daheim in London mixte der Barkeeper in der Cocktailbar des Dorchester Hotels einen ebenso köstlichen Whisky Sour. Seiner jedoch war gerührt, nicht geschüttelt.

Heutzutage sind Cocktails nicht mehr auf heilige Hallen angewiesen. Überall auf der Welt gibt es Cocktailbars. Ob in New York, Paris, Chicago oder Berlin – die Auswahl ist riesig, und doch geht nichts über die klassischen Bars, in denen schon vor den goldenen Zwanzigerjahren Cocktails gemixt wurden.

Cocktails selber mixen Die meisten der Cocktails in diesem Buch basieren auf Klassikern, haben aber ein ganz spezielles Etwas, sowohl was die Zutaten als auch den Namen angeht. Ein Mojito mit Syrop de Menthe wird so zum „Le Mojito" (S. 166). Der Pink Elephant wird mit „Juwelen geschmückt", denn er enthält Granatapfelkerne, die „Juwelen" (S. 162). Einige habe ich selbst erfunden, zu Ehren von Persönlichkeiten unserer Zeit, wie z.B. Mr. President, eine elegante Mischung aus selbst gemachtem Kaffee-Sahne-Likör und Cola, oder der Duke von Cambridge, ein weicher Mix aus Orangensaft, Ei und Vanille-Brandy (S. 168).

Kurz oder lang? Ich persönlich bin ein großer Fan von Shortdrinks in einem klassischen Stielglas! Für mich macht das Glas den Cocktail, und alles, was in einem Becher- oder Trinkglas serviert wird, verdient meines Erachtens den Namen „Cocktail" nicht. Das ist für mich dann eben ein Longdrink oder ein Aperitif. Aber das ist nur meine persönliche Meinung – der Rest der Welt sieht das anders, deshalb enthält dieses Kapitel beide Sorten von Cocktails.

Alle Shortdrinks können aber auch in großen Gläsern serviert werden. Wenn Sie also einen Longdrink bevorzugen, füllen Sie einfach das Glas zum Teil mit zerstoßenem Eis, gießen den Originalcocktail darüber und füllen mit Soda, Mineralwasser oder Limonade auf. Das funktioniert umgekehrt mit Longdrinks genauso, indem die Grundzutaten mit Eis geschüttelt werden, statt das Eis ins Glas zu geben, und weniger Mischgetränk hinzugefügt wird.

Fast alle Cocktailrezepte, egal ob mit oder ohne Alkohol, sind für eine Portion berechnet, außer bei ein paar der alkoholfreien Bowlerezepte. Wenn Sie mehr davon brauchen, erhöhen Sie einfach die Zutatenmenge im entsprechenden Verhältnis. Man kann im Shaker bis zu sechs Shortdrinks zubereiten, aber achten Sie darauf, dass genügend Platz für Eis bleibt. Diese Cocktails müssen nämlich eiskalt serviert werden.

Die Ausrüstung

Fürs stilvolle Ambiente sind schöne Gläser und ein Cocktail-Shaker unverzichtbar. Edle Stoffservietten, Untersetzer und antike Tabletts sorgen für einen Hauch Dramatik. Diverse Rührstäbchen, Cocktailspieße und Ähnliches wirken natürlich immer gut. Zitronenpresse und Barmaß sind nützlich. Der Rest bleibt Ihnen überlassen.
Die meisten Cocktails enthalten 6 cl Spirituosen. Es gibt spezielle kleine Cocktailmessbecher (Jigger) zu kaufen, meist mit zwei Messgrößen.

„Eisberge"

Um Bowle zu kühlen, am besten einen „Eisberg" vorbereiten. Bei Cocktails in dieser Größenordnung schmelzen Eiswürfel einfach zu schnell und verwässern dadurch den Drink. Stattdessen zwei 1-l-Plastikbehälter mit Wasser füllen, aber noch Platz für die Ausdehnung beim Gefrieren lassen. Mit einem Deckel schließen und ins Gefrierfach stellen. Sobald die Eisblöcke hart sind, in eine Plastiktüte umfüllen und bis zur Verwendung gekühlt aufbewahren.

„Geschüttelt, nicht gerührt" Manche Cocktails sollten geschüttelt werden, andere gerührt. Wenn Sie gerne schütteln, füllen Sie den Shaker zur Hälfte mit Eis, fügen Ihre Zutaten hinzu und legen sich dann voll ins Zeug – kurzes Schütteln gilt nicht! Hier geht es aber nicht nur um den Showeffekt. Auch der Geschmack und die Temperatur Ihres Cocktails hängen davon ab.

Eis Eis für Cocktails sollte direkt aus dem Gefrierfach kommen und nicht schon halb aufgetaut sein. Longdrinks werden am besten mit Eis geschüttelt und dann im Glas auf Eis serviert. Shortdrinks schüttelt man mit einigen Eiswürfeln, die man aber beim Einschenken zurückhält. Die meisten Cocktail-Shaker verfügen über ein in den Deckel eingebautes Sieb.

Und wo wir schon vom Deckel sprechen: Vergessen Sie den ja nicht, bevor Sie anfangen zu schütteln – das kann nämlich leicht mal passieren!

Wenn Sie keine Eismaschine besitzen, sollten Sie vor Beginn immer eine oder zwei Tüten Eiswürfel griffbereit haben. Der Inhalt eines normalen Eiswürfelbehälters reicht meistens nicht aus.

Für zerstoßenes Eis geben Sie Eiswürfel in die Mitte eines sauberen Tuchs, verknoten die Ecken und schlagen den Beutel ein paar Mal gegen eine feste Fläche.

Eines noch Cocktails sind starke Drinks und sollten in kleinen Schlucken genossen werden. Vor Kurzem saß ich in einer Cocktailbar und wusste, dass ich später noch nach Hause fahren musste. Also fragte ich den Barkeeper, welchen Cocktail er mir empfehlen würde, um unter der zulässigen Promillegrenze zu bleiben. Er antwortete: „Gar keinen! Nehmen Sie lieber ein Glas Champagner!"

Die Alternative wäre natürlich einer der nicht-alkoholischen Cocktails, so wie die ab Seite 170.

rechts: Pink Elephant mit „Juwelen", siehe Seite 162

Pink Elephant mit „Juwelen"

Der Pink Elephant ist ein klassischer Cocktail auf Bourbon-Basis. Wie bei vielen Klassikern gibt es jede Menge Variationen. Ich habe ihn mit selbstgemachtem Granatapfelsirup und Granatapfelkernen – den „Juwelen" – verfeinert.

Für 1 Glas	Außerdem
1 TL Granatapfelkerne	Eis
8 cl fruchtiger Bourbon (S. 118) oder 6 cl Bourbon + 2 cl Zitronensaft	klassische Cocktailgläser mit Stiel
1 cl Syrop de Grenadine (S. 20)	Cocktail-Shaker & Sieb

15 ml (1 TL) Eiweiß (siehe Kasten, S. 165)

Einen Teelöffel Granatapfelkerne ins Glas geben. Den Bourbon und den Sirup in den Shaker füllen und das Eiweiß hinzufügen. Gut schütteln, das Glas zur Hälfte mit Eis füllen und noch einmal schütteln. Durchs Sieb ins Glas geben und servieren.

Foto auf S. 161

Pfirsich-Wodka-Bellini

Diese Variante des klassischen venezianischen Aperitifs bekommt ihre besondere Note durch den selbstgemachten Pfirsich-Vanille-Wodka sowie einen Hauch Rosenblättersirup.

Für 1 Glas	Außerdem
6 cl eisgekühlter Pfirsich-Vanille-Wodka (S. 135)	Champagnerflöte oder -schale
120 ml gekühlter Prosecco	
ein Schuss Rosenblütensirup (S. 29)	

Den Wodka zuvor eine Stunde lang ins Gefrierfach und den Prosecco in den Kühlschrank stellen. Einen kleinen Schuss Rosenblättersirup ins Glas geben, den Pfirsich-Vanille-Wodka hinzufügen und das Glas vorsichtig mit Prosecco auffüllen. Mit einer Pfirsichspalte oder einem Rosenblatt garnieren.

Zum Servieren

dünne Pfirsichspalte oder ein Rosenblatt

Variation: Statt des Proseccos Fenchelblüten-„Prosecco" oder Holunder-„Champagner" (S. 48, 49) verwenden.

Kirsch-Weinbrand-Cocktail

Dieser Cocktail ist eine Variante des klassischen Champagner-Cocktails.

Für 1 Glas	Außerdem
3 cl gekühlter Kirsch-Weinbrand (S. 127)	Champagnerschale oder -flöte und Cocktailspieß
150 ml gekühlter Fenchelblüten-„Prosecco" oder Holunderblüten-„Champagner" (S. 48, 49)	

Den Kirsch-Weinbrand und den „Prosecco" etwa 1 Stunde im Kühlschrank kalt stellen. Vor dem Servieren den gekühlten Kirschlikör ins Glas geben, mit dem „Prosecco" oder dem „Champagner" auffüllen und mit einer aufgespießten Maraschino-Kirsche garnieren.

Zum Servieren

Maraschino-Kirsche

Variation: Funktioniert auch mit normalem Champagner, Sekt oder Prosecco.

Foto gegenüber: Pfirsich Wodka Bellini (hinten) und Kirsch-Weinbrand-Cocktail

Whisky Sour Amalfitana

Dies ist eine Variante eines meiner allerliebsten Cocktails, Whisky Sour, der normalerweise mit Whisky und Zitronensaft zubereitet wird. Ich habe meinen selbstgemachten Limoncello San Vigilio mit dem Scotch kombiniert und ihn „Whisky Sour Amalfitana" getauft, zu Ehren der traumhaften italienischen Amalfiküste, wo die vielen Zitronenbäume wachsen und Limoncello eine regionale Spezialität ist. Sie finden hier zwei Versionen: Eine wird im Shaker zubereitet, die andere direkt im Glas.

Für 1 Glas	Außerdem
3 cl Scotch Whisky	Zitronenspirale zum Servieren
3 cl Limoncello San Vigilio (S. 120)	Eis
30 ml Zitronensaft	Highball-Cocktailglas oder Ähnliches und Rührstäbchen
2 Tropfen Angosturabitter	
1 TL Zuckersirup (siehe Kasten unten)	Das Glas zum Teil mit Eis füllen, alle Zutaten hinzufügen und umrühren. Mit einer Zitronenspirale servieren.

Whisky Sour Amalfitana: die andere Art

Für 1 Glas	Außerdem
3 cl Scotch Whisky	Zitronenspirale zum Servieren
3 cl Limoncello San Vigilio (S. 120)	Eis
30 ml Zitronensaft	Cocktail-Shaker mit Sieb
2 Tropfen Angosturabitter	Highball-Cocktailglas oder Ähnliches
1 TL gesiebter Puderzucker oder Zuckersirup	Whisky, Limoncello, Zitronensaft, Angosturabitter und Zucker oder Zuckersirup in den Shaker geben. Dann das Eiweiß hinzufügen und gut
15 ml (1 EL) Eiweiß	schütteln. Den Shaker zur Hälfte mit Eis füllen und erneut schütteln. In ein Highball-Glas abseihen und mit einer Zitronenspirale servieren.

Besondere Zutaten

Viele Cocktails enthalten Eiweiß, weil es dem Drink eine schaumige weiße Krone verleiht, wenn es zusammen mit den anderen Zutaten kräftig geschüttelt wird. Wichtig ist, dass man das Eis erst danach hinzufügt, weil die extreme Kälte die Schaumbildung hemmt – deshalb sollten Eier für diesen Zweck auch Zimmertemperatur haben und nicht direkt aus dem Kühlschrank kommen.

Eine wichtige Eigenschaft bei vielen Cocktails ist natürlich die Süße. Je nach Art des Mosts, Weins, Biers, der Limonade oder des Ingwerbiers, die Sie verwenden, verändert sich die Menge an Süßungsmittel, die Sie brauchen. Geben Sie einen Teelöffel gesiebten Puderzucker in den Shaker und schütteln Sie erneut, wenn Sie das Gefühl haben, der Cocktail ist noch zu trocken. Wird er im Glas zubereitet, nimmt man ein bisschen Zuckersirup.

Für Zuckersirup werden gleiche Mengen Zucker und Wasser vorsichtig erhitzt, damit sich der Zucker auflöst. Danach abkühlen lassen, in eine Flasche füllen und im Kühlschrank aufbewahren.

Le Mojito

Hierbei handelt es sich um einen Mojito, dessen bittersüße Zitrusnoten sowohl durch den Pfefferminzsirup als auch durch die Minzeblätter abgerundet werden.

Als Short- oder Longdrink, für ein 1 Glas

6 cl weißer Rum

Saft einer halben Limette

2 cl Syrop de Menthe (S. 34)

10 Blätter Minze

1 Schuss Angosturabitter

Soda zum Auffüllen je nach Bedarf

Zum Servieren

1 Zweig Minze oder 1 Limettenspirale

Außerdem

Eis

Cocktail-Shaker mit Sieb

Martiniglas oder ähnliches

Den Cocktail-Shaker zur Hälfte mit Eis füllen, dann den Rum, den Limettensaft, den Syrop de Menthe, die Minzeblätter und einen Schuss Bitterlikör hinzufügen. Sorgfältig verschließen und gut schütteln. In ein Margarita- oder Martiniglas füllen und mit einem kleinen Zweig Minze oder einer Limettenspirale garnieren.

Wenn Sie einen Longdrink bevorzugen, füllen Sie Le Mojito in ein Tumbler-Trinkglas und geben noch Eis, Soda oder Mineralwasser hinzu.

Variation: Für einen fruchtigen Mojito wählen Sie statt des Syrop de Menthe und der frischen Minze einen der vielen Fruchtsirups aus dem Kapitel „Stille Wasser sind tief". Und schon haben Sie einen neuen, farbenfrohen Mojito erfunden. Das Glas können Sie mit passenden Früchten garnieren.

Zwetschgen-Gin-Fizz

Auch hier liegt ein klassischer Cocktail zugrunde,
der Gin Fizz. Und wie könnte man den besser
abwandeln als zu einem Zwetschgen-Gin-Fizz?

Für 1 Glas	Zum Servieren
6 cl Zwetschgen-Gin (S. 138)	Zitronenscheibe
3 cl Gin, nach Wunsch	**Außerdem**
1 cl Zitronensaft	Eis
15 ml (1 EL) Eiweiß	Cocktail-Shaker mit Sieb
Soda oder Mineralwasser zum Auffüllen	Highball-Glas oder ähnliches Longdrinkglas
	Rührstäbchen

Den Zwetschgen-Gin und den normalen Gin (falls Sie ihn verwenden) zusammen mit dem Zitronensaft und dem Eiweiß in den Cocktail-Shaker geben. Kräftig schütteln, um alle Zutaten zu vermischen und den Eischnee zu erzeugen. Eine Handvoll Eis in den Shaker und einige Eiswürfel ins Glas geben. Noch einmal schütteln, einschenken, mit einer Zitronenscheibe garnieren und mit Soda auffüllen.

Duke of Cambridge

Diesen Cocktail habe ich am Tag der Geburt von Prinz George kreiert. Vanille, Weinbrand, Orangensaft und Ei schienen mir dafür eine gute Mischung zu sein.

Für 1 Glas	Außerdem
6 cl Vanille-Weinbrand (S. 140)	Martini-/Margarita- oder ähnliches Stielglas
120 ml frisch gepresster Orangensaft	Cocktail-Shaker mit Sieb
1 kleines Bio-Ei	
Eis und Orangenscheibe zum Garnieren	Alle Zutaten in den Cocktail-Shaker geben und kräftig schütteln. Dann viel Eis dazugeben und wieder schütteln. In ein Stielglas füllen, mit der Orangenscheibe dekorieren und sofort servieren.

Jumping Jack Flash

Mit gekühltem, frischem Apfelsaft zubereitet gleicht der Cocktail einem flüssigen Dessert. Durch den Apfelmost wird er zur Achterbahn der Aromen. Das beste Ergebnis erzielt man mit frischem, selbstgepresstem Saft aus nur einer Apfelsorte.

Für 1 Glas	Außerdem
15 g (1-2 EL) gesiebter Puderzucker	klassisches Stielglas
1 kleines Stück geschälte Ingwerwurzel	Cocktail-Shaker mit Sieb
1 kleines Stück kandierter Ingwer	
6 cl Walnuss-Schoko-Sahnelikör (S. 124)	Den Puderzucker auf einem Teller verteilen. Die Ingwerwurzel zerquetschen und den Glasrand damit abreiben. Das Glas dann umgedreht in den
3 cl gekühlter frischer süßer Apfelsaft	Puderzucker tauchen. Wieder umdrehen und trocknen lassen. Vor dem Servieren den kandierten Ingwer ins Glas geben. Den Cocktail-Shaker zur Hälf-
3 cl Apfelmost	te mit Eis füllen, den Likör, den Apfelsaft und den Most hinzufügen und gut
Eis	schütteln. Beim Einschenken den Zuckerrand am Glas nicht beschädigen.

Variation: Für einen süßeren, nicht ganz so starken Drink nur Apfelsaft und keinen Most verwenden.

Mr. President

Elegante Cocktails brauchen Namen, und da dieser das typisch amerikanische Getränk Cola enthält und ich ein Fan von Mr. Obama bin, habe ich den Drink nach ihm benannt. Meinen Sie, es macht ihm etwas aus?

Für 1 Glas	Außerdem
6 cl Kaffee-Sahnelikör	Tumblerglas oder Ähnliches
3 cl brauner Rum	1 Rührstäbchen
Cola zum Auffüllen nach Belieben	
zerstoßenes Eis	Das Glas zu zwei Dritteln mit Eis füllen. Den Kaffee-Sahnelikör und den Rum darübergießen und mit Cola auffüllen. Umrühren und genießen.

Foto gegenüber von links: Duke of Cambridge, Jumping Jack Flash und Mr. President

Lecker ohne Alkohol – die „Mocktails"

Nur weil wir bei einer Party oder einem feierlichen Anlass keinen Alkohol trinken, heißt das noch lange nicht, dass wir auf elegante, leckere Drinks verzichten wollen. Darum habe ich eine Reihe Cocktails ohne Alkohol erfunden, die den Geschmacksnerven und Sinnen schmeicheln, indem ich einige der alkoholfreien Getränke aus diesem Buch verwendet habe. Manche davon kommen trotzdem sehr erwachsen daher, während andere besonders kinderfreundlich sind.

Der Prohibition Cocktail und der Tropical Storm sind Shortdrinks, die im klassischen Margarita- oder Martiniglas serviert werden (S. 172). Diese Drinks sind so intensiv, dass man kaum glauben kann, dass sie keinen Alkohol enthalten. Außerdem gibt es Rezepte für herrlich erfrischende Partydrinks wie den süßen, milden Pussyfoot oder den kräftigen Heatwave (S. 178).

Etwas simpler und durstlöschend sind Beach Blanket und Flirty, zwei Drinks auf Sirupbasis, einer süß, der andere trocken (S. 176).

Für mich spielt das Glas immer eine große Rolle. Wenn alle um mich herum Champagner aus einer Sektflöte mit Erdbeere trinken, will ich mein Mineralwasser mit Holunderblütensirup auf dieselbe Weise serviert bekommen. Das Auge spielt eine große Rolle beim Essen und Trinken, und die Präsentation meines Aperitifs kann für mich das gesamte Menüerlebnis bestimmen.

Garden Path – Eiscreme-Soda mit Lavendel

Wer Kekse und Kuchen mit Lavendelaroma mag, wird diesen köstlichen Mix aus Eis und Drink lieben.

Für 1 Glas	Zum Servieren
2-3 Kugeln Vanilleeis	1 Lavendelzweig
6-8 Eiswürfel	**Außerdem**
250 ml Lavendel-Spritz (S. 56)	hoher Eisbecher
	langer Löffel

Abwechselnd das Vanilleeis mit einigen Eiswürfeln ins Glas schichten und oben mit Eis bedecken. Mit dem Lavendel-Spritz auffüllen. Umrühren und mit einem Lavendelzweig garniert servieren.

Variation: Falls Lavendel nicht so Ihr Ding ist, können Sie ein Eiscreme-Soda ganz einfach mit einer der vielen Fruchtsirupsorten in diesem Buch zubereiten, wie dem Brombeer-Gewürztonic (S. 36) oder dem Brombeer- oder Himbeersirup (Variation, S. 26) mit Soda oder Mineralwasser. Noch mehr Schwung bekommt es durch Ingwersirup (S. 21). Wer es süßer mag, kann auch mit Limonade (S. 50) oder anderen kohlensäurehaltigen Getränken (siehe S. 44) auffüllen.

Prohibition

Auch das ist eine meiner Kreationen: Ein Feuerwerk der Aromen und ein aufregender alkoholfreier Drink mit frisch gepresstem Apfelsaft, der auch den Spitznamen „Prohibition Cider" trägt.

Für 1 Glas

150 ml süßer Bio-Apfelsaft (nicht aus Konzentrat) oder selbstgemachter Carey-Apfelsaft (S. 40)

25 ml gekühlter Syrop de menthe extra (S. 34)

15 g (1 EL) Eiweiß

Zum Servieren

2 Schokostäbchen und dunkle Schokolade zum Raspeln

Außerdem

4 Eiswürfel

Stielglas

Cocktail-Shaker

Den Apfelsaft, den Syrop de menthe extra und das Eiweiß im Cocktail-Shaker kräftig schütteln. Eine Handvoll Eis in den Shaker geben und nochmals schütteln. Den schaumigen Apfelsaft vorsichtig ins Glas gießen, so dass ein Schaumkrönchen entsteht. Etwas Zartbitterschokolade darüberraspeln und mit zwei Schokostäbchen servieren.

Variation: Statt Syrop de Menthe extra das Brombeer-Gewürztonic (S. 36) verwenden.

Tropical Storm

Das ist ein besonders hübscher alkoholfreier Cocktail. Wenn Sie die Früchte variieren, können Sie mit den Aromen spielen. Vor dem Servieren unbedingt kosten, da Ananas nicht immer gleich süß ist und sich damit die Dynamik des Drinks verändern kann. Wer es noch intensiver mag, gibt etwas mehr Ingwersirup dazu.

Für ein Glas

100 ml (pürierte) Ananas + Saft oder reiner Ananassaft

25 ml Ingwersirup (S. 21)

15 g (1 EL) Eiweiß

1 kleines Stück kandierter Ingwer

Mineralwasser nach Geschmack

Außerdem

4 Eiswürfel

Mixer, falls die Ananas noch nicht püriert ist

Stielglas

Cocktail-Shaker

kleiner, hübscher Löffel

Eingelegte Ananasscheiben aus der Dose zusammen mit dem Saft im Mixer 30 Sekunden zerkleinern. Wenn Sie ungesüßte oder frische Ananas verwenden, müssen Sie vielleicht einen extra TL Zuckersirup (siehe Kasten, S. 165) oder Puderzucker hinzufügen.

Die Ananas, den Ingwersirup und das Eiweiß im Cocktail-Shaker kräftig durchschütteln. Die Eiswürfel dazugeben und nochmals schütteln. Das Ingwerstück mit dem Löffel ins Glas geben.

Den Cocktail einschenken und, wenn nötig, mit etwas Mineralwasser auffüllen, umrühren und servieren.

Variation: Wenn Sie einen Longdrink bevorzugen, den Cocktail in einem hohen Glas servieren und mit Limonade (S. 50) auffüllen. Mit pürierten Erd- oder Himbeeren und Florida Cocktail Sirup (S. 16) statt Ananas und Ingwer erhält man einen leckeren Sommercocktail.

Beach Blanket

Dieser Mix aus Zitrus- und Beerensirup zusammen mit Zitronenwasser ergibt einen sommerlichen Drink für alle Schleckermäulchen. Wer es nicht ganz so süß mag, nimmt einfach Soda oder Mineralwasser statt Limonade.

Für 1 Glas

2 cl Florida-Cocktail-Sirup (S. 16)

100–150 ml Zitronenwasser (S. 22) oder Limonade (S. 50)

2 cl Beeren- oder Johannisbeerensirup (Variation, S. 26)

Zum Servieren

1 Orangenscheibe

Außerdem

Eis

hohes Glas

Rührstäbchen und Trinkhalm, nach Belieben

Ein großes Glas zur Hälfte mit Eis füllen, den Florida-Cocktail-Sirup hinzufügen, umrühren und dann mit Zitronenwasser oder Limonade auffüllen. Zum Schluss den Beerensirup zugeben.

Mit einer Orangenscheibe dekorieren und, nach Belieben, mit einem Trinkhalm servieren.

Variation: Experimentieren Sie mit Ihren eigenen Sirupmischungen und verändern Sie damit auch die Farbkombinationen.

Foto S. 175, zweiter von rechts

Flirty

Eine erfrischende Kombination verschiedener Sirupsorten mit Mineralwasser. Wer es gerne süßer mag, füllt stattdessen mit Limonade auf.

Für 1 Glas

25 ml Rosenblütensirup (S. 29)

100–150 ml Mineralwasser

1 EL klassischer Brombeersirup (S. 26)

Zum Servieren

Borretschblüten oder Minze

Außerdem

zerstoßenes Eis (siehe Kasten, S. 165)

hohes Glas

Trinkhalm, nach Belieben

Das Glas teilweise mit zerstoßenem Eis auffüllen, den Rosenblütensirup hineingeben und mit Mineralwasser auffüllen. Dann den zweiten Sirup hinzufügen.

Mit Borretschblüten garnieren und, je nach Wunsch, mit Trinkhalm servieren.

Foto auf S. 174, links

Vorherige Seiten von links nach rechts: Flirty, Cardinal's Cap, Beach Blanket und Mr. Summers' Shandy

Cardinal's Cap

Ich liebe Maraschino-Kirschen! Das muss irgendwie mit dem damaligen Lieblings-cocktail meiner Mutter zusammenhängen. Am liebsten würde ich fast jedes Glas mit einer Kirsche garnieren – dieser Drink hat gleich drei davon!

Für 1 Glas	Außerdem
5 cl Syrop de Grenadine (S. 20)	Eiswürfel
300 ml Ingwerbier (S. 58)	hoher Eisbecher aus Glas oder Ähnliches
Zum Servieren	Holzstäbchen oder langer Cocktailspieß für die Kirschen
3 Maraschino-Kirschen	

Das Glas zum Teil mit Eiswürfeln füllen. Den Syrop de Grenadine hinein-geben und mit dem Ingwerbier auffüllen.

Zum Servieren die Kirschen aufspießen und den Spieß mit den Kirschen nach oben in den Cocktail stellen.

Variation: Jeweils 25 ml Syrop de Grenadine und Florida-Cocktail-Sirup mit dem Ingwerbier mischen (S. 20, 16, 58).

Foto auf S. 174, zweiter von links

Mr. Summers' Shandy

Dieser Cocktail ist was für jedermann: ein köstlicher, erfrischender, alkoholfreier Drink für all jene Gelegenheiten, wenn es einfach kein Alkohol sein soll.

Für 1 Glas	Außerdem
150 ml Orangensaft	großes Glas
2 Spritzer Zitronensaft	langer Löffel oder Cocktailspieß
2 cl Ingwersirup (S. 21)	
150 ml Brennnesselbier und/oder Limonade (S. 50, 52)	Die Fruchtsäfte im Glas mit dem Ingwersirup mischen und mit dem Brennnesselbier oder der Limonade auffüllen. Umrühren und mit dem Obst garnieren.
Zum Servieren	
Orangen- und Zitronenscheiben	**Variation:** Statt des Bieres oder der Limonade Mineralwasser nehmen.

Foto auf S. 175, rechts

Heatwave

Dieser Drink schmeckt nach so vielen Dingen, dass man kaum glauben kann, dass er keinen Alkohol enthält. Wenn Sie kein Zitronengras zur Hand haben, nehmen Sie einfach die frisch abgeriebene Schale der Limetten.

Für 4 Personen

120 ml Ingwersirup (S. 21)

Saft von 2 Limetten

750 ml Ingwerbier (S. 58)

1 Stängel Zitronengras oder fein geriebene Bio-Limettenschale

Zum Servieren

1 Zitronengrasstängel extra, der Länge nach in 4 Teile gespalten, als Rührstäbchen

Außerdem

Eis

großer Krug und 4 hohe Gläser

Den Ingwersirup mit dem Limettensaft in den Krug geben. Zur Hälfte mit Eis auffüllen und mit Ingwerbier aufgießen. Das Zitronengras mit dem Hammer oder dem Nudelholz etwas flach klopfen und damit den Drink umrühren. In Gläser füllen und mit je einem Zitronengrasstäbchen servieren.

Pussyfoot

Meinem ersten Pussyfoot-Cocktail bin ich während eines Familienurlaubes begegnet. Das Hotel, in dem wir wohnten, veranstaltete einmal pro Woche vor dem Abendessen eine Kinderparty im Ballsaal. Man drückte mir ein Glas mit einem leuchtend roten Gebräu in die Hand, in dem Früchte schwammen. Ich traute mich nicht, es zu trinken, weil es eher aussah wie die Cocktails der Erwachsenen als wie der wässrige Orangensaft, den wir Kinder sonst bekamen. Ich war noch ziemlich klein und erinnere mich bis heute, wie der Kellner versucht hat, mir zu versichern, dass ich es ruhig trinken könne.

Für 8 Personen

Eisberg (siehe Kasten S. 161)

150 ml Syrop de Grenadine (S. 20), Himbeer- oder Erdbeersirup (Variation, S. 26)

Saft von 4 großen Orangen

Saft und fein abgeriebene Schale von 2 Bio-Zitronen

1 Schuss Angosturabitter

2 Orangen, in Scheiben geschnitten

2 Zitronen, in Scheiben geschnitten

Kerne von 1 Granatapfel

Ingwerbier oder Limonade (S. 50, 58) zum Auffüllen

Zum Servieren

8 Maraschino-Kirschen

Außerdem

Bowleschüssel

Bowlegläser oder -schalen

Tags zuvor einen Eisberg herstellen, wie auf S. 161 beschrieben. Eine Stunde vor Eintreffen der Gäste den Syrop de Grenadine, die Fruchtsäfte, die Zitronenschale und den Angosturabitter in eine Bowleschüssel geben. Die in Scheiben geschnittenen Zitrusfrüchte sowie die Granatapfelkerne hinzufügen und durchziehen lassen. Sobald die ersten Gäste eintreffen, den Eisberg und das Ingwerbier oder die Limonade hinzugeben und umrühren. Jedes Glas mit einer Kirsche garnieren und servieren.

Oase der Ruhe

Verschiedene Tees und Heißgetränke

Verschiedene Tees und Heißgetränke

Greifen Sie das nächste Mal, wenn Ihnen nach einem belebenden Heißgetränk ist, nicht einfach nach einem Teebeutel. Blumen, Kräuter und Samen aus Ihrem Garten, Hinterhof oder von einem Spaziergang im Grünen ergeben erfrischende Kräuteraufgüsse und Tees. Auch im Gewürzschrank verbirgt sich eine Fülle köstlicher, wärmender Getränke auf der Basis von Kaffee und Kakao.

Der erste Teil dieses Kapitel befasst sich mit Kräutertees mit Minze, Thymian, Süßdolde, Rosmarin und Fenchel. Darauf folgen die Blütentees mit Jasmin und Limette, dann Hagebutte und Zitrusfrüchte und schließlich würzige Heißgetränke mit Kardamom und Muskatnuss. Das Wichtigste überhaupt ist die Freude an eigenen Kreationen.

Geschmack Bei heißen Getränken zählen vor allem persönliche Vorlieben. Ich zum Beispiel mag meinen Kaffee klein, stark und schwarz, aber ich trinke sehr schwachen Tee. Experimentieren und verändern Sie die Mengen, wie es Ihnen passt.

Einer für die Kanne Es geht nichts über Tee, der richtig zubereitet und in einer Kanne aufgebrüht wurde. Teebeutel und -eier haben durchaus ihre Berechtigung, aber die Kanne gibt den Teeblättern, Blüten, Samen und Gewürzen den nötigen Raum, um zu ziehen und ihren Geschmack zu entfalten. Egal, welches Heißgetränk Sie auch zubereiten, wärmen Sie immer zuerst die Kanne vor (siehe Kasten auf gegenüberliegender Seite).

Kräuter trocknen

- Warten Sie, bis die Kräuter blühen.
- Pflücken Sie die Kräuter oder Fruchtstände an einem trockenen, sonnigen Morgen.
- Binden Sie sie mit einer Schnur zu Sträußen.
- Hängen Sie diese kopfüber an einen trockenen, luftigen Platz ohne direktes Sonnenlicht, um die Farbe zu erhalten. Es eignet sich z.B. ein Wäscheständer im Haus.
- Die Sträuße komplett trocknen lassen.
- In eine Plastiktüte packen und lose zubinden, so dass keine Luft in der Tüte ist.
- Mit den Händen oder einem Nudelholz die Blätter oder Fruchtstände zerdrücken.
- Die Stängel wegwerfen und die Blätter oder Früchte in einer Teedose im Dunkeln aufbewahren.
- Getrocknete Kräuter nicht länger als ein Jahr aufheben, da sie sonst staubig schmecken und das Teearoma verderben.

Marokkanischer Tee mit frischer Minze

Für eine Kanne für 4–6 Personen

4 gehäufte TL marokkanischer Tee

1 Büschel frische Minze, gewaschen und abgetrocknet

kochendes Wasser

Außerdem

4 TL (20 g) Zucker, nach Wunsch

Teesieb

Für mich ist Pfefferminztee der Inbegriff von Marokko: ein Symbol der Gastfreundschaft. Er ist sehr süß, sehr stark und belebend. Traditionell werden Tee und Minze zusammen aufgekocht, aber das gemeinsame Aufbrühen in einer Kanne ergibt eine stärkende Erfrischung.

Die Kanne vorwärmen. Den marokkanischen Tee in die vorgewärmte Kanne geben, die Minze hinzufügen und mit kochendem Wasser übergießen. 10 Minuten ziehen lassen, dann ggf. den Zucker zugeben und gut umrühren. Den Tee heiß durch ein Sieb in Tassen gießen oder in einen Krug abseihen, abkühlen lassen und auf Eis servieren.

Variation: Für einen erfrischenden, prickelnden Sommerdrink nach Geschmack extra Zucker zugeben, nach dem Abkühlen 125 ml Zitronensaft unterrühren und mit 400 ml Mineralwasser aufgießen.

Die Kanne vorwärmen

Egal, welches Heißgetränk Sie auch zubereiten, wärmen Sie stets die Kanne vor, indem Sie sie mit etwas kochendem Wasser ausspülen, bevor Sie die trockenen Zutaten hineingeben. Dadurch zieht der Sud besser durch.

Kräutertees

Vor Kurzem entdeckten eine Freundin und ich auf einer Reise nach Frankreich auf einem Stück unwegsamen Gelände mitten im Nirgendwo einige geparkte Autos und Menschen, die in der Nähe eindeutig etwas pflückten. Aber was? Vielleicht wilder Spargel, überlegten wir, aber dazu war es noch zu früh. Und im März handelte es sich ganz sicher auch nicht um Pilzsammler. Wir spazierten herum, konnten aber nichts Auffälliges finden. Es wuchs dort ein seltsam buschiger wilder Thymian, aber nichts sonst.

Als wir schließlich unser Französisch genug aufpoliert hatten, um eine Unterhaltung zu beginnen, sprachen wir ein Pärchen an, das emsig damit beschäftigt war, Plastiktüten aus dem Supermarkt mit dem Thymian vollzustopfen. Sie erklärten uns fröhlich, dass sie ihn zum Teemachen sammelten. Und jetzt zur Blüte wäre der optimale Zeitpunkt. Die Begeisterung war ihnen deutlich anzumerken. Das ist auch nicht verwunderlich, denn Kräuter sind während ihrer Blütezeit am aromatischsten.

Die Franzosen lieben Tees aus Kräutern. Damals in den Sechzigerjahren, als außerhalb von Frankreich, abgesehen von ein paar „Spinnern", niemand auf die Idee gekommen wäre, Kräuteraufgüsse zu trinken, bot mir meine beste Freundin in London, eine Französin, oft *une petite tisane* an. Unabhängig von ihrer Laune, der Situation oder dem Problem, körperlich oder seelisch –

ein kleiner Kräutertee schien stets die Lösung zu sein. Später lebte ich in Italien, wo Kamille das Heilmittel für fast alles ist: egal ob Stress, Verdauungsprobleme oder Schlaflosigkeit. In Fernost lernte ich, dass Ingwerwurzelschale einen beruhigenden wärmenden Tee ergibt, der vor allem dem Bauch guttut.

Für solche Aufgüsse kann man frische oder getrocknete Kräuter verwenden. Frische Kräuter ergeben einen sehr zarten Tee, deshalb braucht man eine gute Handvoll auf eine Kanne, während getrocknete Kräuter intensiveren Geschmack verleihen und sparsamer verwendet werden sollten. Während Blütenzugaben am besten mit leichten Teesorten funktionieren (siehe S. 186–187), sollte man frische Kräuter mit starken Tees kombinieren, wie z.B. beim Marokkanischen Tee mit Minze (S. 182). Man kann auch einfach frische oder getrocknete Kräuter allein aufbrühen.

Mischung Versuchen Sie, Kräuter, Teeblätter und Blüten zu mischen, um lang anhaltende und duftende Aromen zu erzielen. Vergessen Sie auch nicht die heilsamen, wohlriechenden Pflanzen wie Nessel, Weißdorn und Himbeere. Wenn Ihnen zarte Kräuteraufgüsse nicht so liegen, kombinieren Sie doch einfach mal klassische Teesorten und Teemischungen mit frischen Kräutern und Gewürzen. Das bringt aromatischen Duft in bekannte Geschmacksvarianten.

Gartenkräutertee

Für eine Kanne für 4 Personen

Mit frischen Kräutern

4 große Zweige Thymian, Süßdolde und Borretsch

2 kleine Zweige Rosmarin und Borretsch oder Kräuter Ihrer Wahl

kochendes Wasser

Mit getrockneten Kräutern

3 gestrichene TL gemischte, frisch getrocknete Kräuter, wie Thymian und Rosmarin, gemischt mit ½ TL Fenchel- und ½ TL Süßdoldensamen

kochendes Wasser

Außerdem

Teesieb

Kräutertees sind leicht zu machen und können auf verschiedene Arten zubereitet werden. Denken Sie daran, dass frische Kräuter zarter sind, sich aber beim Trocknen das Aroma verstärkt. Verwenden Sie also von getrockneten Kräutern weniger. Die Samen von Pflanzen wie Dill und Fenchel ergeben einen leckeren, wenn auch kräftig schmeckenden Tee.

Die Kanne vorwärmen. Alle frischen Kräuterzweige oder die getrockneten Kräuter in die vorgewärmte Kanne geben, heißes Wasser hinzufügen und 5–10 Minuten ziehen lassen. Den heißen Tee in Tassen abseihen und genießen.

Blüten und Blätter trocknen

Egal ob Sie Blüten zum Teekochen oder für andere Verwendungszwecke trocknen, die Methode ist dieselbe. Fügen Sie Ringelblumen hinzu, um exotische Jasminblüten zu strecken, oder trocknen Sie Rosenblütenblätter, Holunderblüten oder Lavendel als Alternative zu Jasmin.

- Wenn Sie Tee mit Blüten und Blättern kochen wollen, müssen Sie sicher sein, dass die Pflanze, von der sie stammen, nicht mit Chemikalien besprüht wurde.

- Sammeln Sie Blüten und Blätter bei warmem, trockenem Wetter, nicht direkt nach dem Gießen oder nach Regen – sie müssen unbedingt trocken sein.

- Jasminblüten können auch vom Boden aufgesammelt werden, aber nur, wenn sie frisch abgefallen und noch weiß sind. Rosenblätter können kurz vor dem Abfallen abgepflückt werden – kurz bevor die Rose verwelkt (damit spart man sich eine Menge Bücken).

- Sammeln Sie täglich Blüten.

- Ein Tablett mit einem sauberen, gefalteten, trockenen Küchenhandtuch bedecken.

- Die Blüten oder Blätter in einer Lage mit viel Platz ringsherum darauf ausbreiten.

- Das Tablett an einen warmen, trockenen, dunklen Ort wie z.B. einen Trockenschrank stellen. Es muss auf jeden Fall gut belüftet sein.

- Einige Tage trocknen lassen. Wenn die Blüten, Blütenblatter oder Blätter ganz trocken sind, in luftdicht verschlossene Teedosen oder Gläser umfüllen und bis zur Verwendung dunkel aufbewahren.

- Genießen Sie den Duft, wann immer Sie die Dose öffnen, um Tee zu kochen!

Grüner Tee mit Jasminblüten

Jasmintee ist für uns exotisch: Sein süßer, schwerer Duft weckt Erinnerungen an weit entfernte Städte, warme Nächte und dichte Büschel wachsartiger weißer Blüten zwischen üppigem dunklen Grün. Dabei gedeiht Jasmin auch in gemäßigterem Klima gut, bevorzugt aber ein warmes, geschütztes, sonniges Plätzchen an einer Mauer. Sie brauchen grünem Tee gar nicht sonderlich viele Blüten beimischen, denn sie sollen dem Aufguss lediglich eine leichte Duftnote verleihen. Alternativ können Sie auch einfach eine Handvoll Jasminblüten in Ihre Teedose geben und schütteln, um sie im Tee zu verteilen. Auch Trinkwasser nimmt den Duft von Jasmin an, wenn man die Blüten über Nacht darin einlegt.

Für eine Kanne für 2 Personen

2 gehäufte TL grüner Tee

6 getrocknete Jasminblüten oder duftende Rosenblüten-, Ringelblumenblütenblätter oder Lavendel

kochendes Wasser

Außerdem

eine orientalische Teekanne

kleine Tassen

Teesieb

Den Tee und die Blüten in die vorgewärmte Kanne geben und mit heißem Wasser aufbrühen. 2 Minuten stehen lassen, dann gut umrühren. Den heißen Tee durch ein Teesieb in die Tassen gießen und sofort servieren.

Hinweis: Süße Blüten und Blütenblätter wie Lavendel und Rosen können allein zu heftig sein und sind nicht jedermanns Geschmack. Wenn man sie grünem Tee beimischt, erhält man eine zartere Note mit tieferem Aroma und allen Vorzügen des grünen Tees und denen der Blüten.

Limettenblütentee und andere Blütentees

In manchen Ländern säumen ganze Allen wunderbarer, dicht belaubter Limettenbäume die Straßen und Parks. Doch erst im Juni zur Blütezeit entwickeln sie ihre volle Pracht. Die kleinen, eher unscheinbaren Blüten verströmen einen unglaublich betörenden Duft, der viel eher an teure Parfums und glamouröse Frauen als an Parks und Innenstädte erinnert. Wer einmal das Geheimnis der Limettenbäume erschnuppert hat, geht zur Blüte besonders gerne an ihnen vorbei, um ihren hinreißenden Duft zu genießen. Diesen kann man einfangen, wenn man die Blüten pflückt und trocknet (siehe Kasten gegenüber), sie in einem luftdichten Behälter im Dunklen aufbewahrt und für Tees aller Arten aufbrüht.

Für eine Kanne für 1 Person oder 1 große Tasse

1 EL Limettenblüten

kochendes Wasser

Außerdem

kleine Kanne oder große Tasse

Teefilter

Die Blüten in den Teefilter geben und diesen in die vorgewärmte Kanne oder Tasse hängen. Mit kochendem Wasser überbrühen und 5–10 Minuten ziehen lassen. Atmen Sie den süßen Duft dieses erfrischenden Tees ein und genießen Sie den Moment.

Variation: Auch andere Blüten lassen sich so aufbrühen, z.B. Rose, Jasmin, Orange und Hibiskus. Lavendel lieber sparsam verwenden: 1 TL pro Kanne reicht.

Folgende Seiten: Limettenblütentee (links) und Grüner Tee mit Jasminblüten

Hagebuttentee

Hagebutten wachsen an ganz vielen Orten wild und sind reich an Vitamin C. Unsere Großmütter rieten, täglich davon zu essen, und die moderne Wissenschaft bezeichnet sie als „Superfood". Hagebutten werden oft in Form von Sirup verwendet, aber man kann sie auch als Tee zu sich nehmen und so den Zucker vermeiden. Dieser Tee duftet so umwerfend gut, dass der Geschmack fast davon überdeckt wird. Doch das zarte süße Rosenaroma hält an, nachdem der Tee längst getrunken ist.

Für eine kleine Kanne für 2 Personen

1 gehäufter EL getrocknete, zerstoßene Hagebutten

Außerdem

Glaskanne mit Siebeinsatz oder normale Kanne

Teesieb (für die normale Kanne)

Die zerstoßenen Hagebutten samt Samen in den Einsatz der vorgewärmten Kanne geben, mit kochendem Wasser übergießen und 10 Minuten ziehen lassen. Einschenken und genießen.

Variation: Verwenden Sie eine Handvoll getrocknete Mandarinen-, Orangen-, Limetten- und Zitronenschale (siehe Kasten unten) für einen duftenden Zitrustee, der auf dieselbe Art zubereitet wird wie der Hagebuttentee.

Tipp: Mögliche Teereste abseihen und später gekühlt oder noch einmal aufgewärmt trinken.

Hagebutten & Schale von Zitrusfrüchten trocknen

- Mit einem Kartoffelschäler die Schale von Orangen, Zitronen, Limetten und Grapefruits fein abschälen; Mandarinen und Clementinen normal schälen.

- Die Schalen oder Hagebutten auf einem Backblech im Backofen bei 40–50 °C über Nacht trocknen, bis sie steinhart sind.

- Wer Zeit hat, kann sie alternativ auch auf einem sauberen gefalteten Tuch im Trockenschrank trocknen. Sie brauchen aber viel Platz und gute Belüftung. Die Schale muss steinhart werden. Das kann bis zu einer Woche dauern, je nach Wärme im Schrank, der Dicke der Schale und der Größe der Hagebutten.

- Abkühlen lassen.

- Hagebutten zerstoßen, Zitrusschale am Stück lassen.

- In einem luftdichten, lichtgeschützten Behälter behalten sie ihr Aroma bis zu 1 Jahr lang.

Tipp: Dünne Zitronen-, Limetten- und Orangenscheiben können auf mit Backpapier ausgelegten Blechen auf dieselbe Art über Nacht im Ofen getrocknet werden. Sie eignen sich als Deko auf Kräutertees.

Ingwer-Zitronengras-Tee

Ich mache mir immer einen Ingwertee, wenn ich zum Kochen sowieso Ingwerwurzel schäle. Man muss dazu nämlich nur die Schalen in einem Teefilter in eine Tasse geben und mit heißem Wasser aufgießen. Natürlich geht es auch eleganter, wie mit diesem Rezept hier. Ingwertee ist schmackhaft, wärmend und hilft bei Magenverstimmungen oder Verdauungsproblemen, deshalb passt er gut nach dem Essen. Noch köstlicher wird er in Kombination mit zerdrücktem Zitronengras, was sofort seinen Duft verfeinert und den Durst löscht. Also die perfekte Verwendung für die Ingwer- und Zitronengrasreste vom Kochen eines Thai-Currys.

Für eine kleine Kanne für 4 Personen

10 g Ingwerwurzel

1 Stängel Zitronengras

kochendes Wasser

Außerdem

Mörser und Stößel

Kanne mit Siebeinsatz

Teesieb (falls Sie eine normale Kanne benutzen)

Ingwer und Zitronengras in den Mörser geben und zerdrücken. In die vorgewärmte Kanne geben, mit kochendem Wasser auffüllen und 10 Minuten stehen lassen. Den Tee einschenken und die Aromen genießen.

Tee und Kaffee mit Gewürzen

In Sri Lanka, der Heimat des Kardamoms, gibt man traditionell zerstoßene Kapseln mit in den Tee. Im Nahen Osten werden sie dem Kaffee beigemischt, aber experimentieren Sie doch auch mal mit Vanilleschoten, Ingwer, Kreuzkümmel, Fenchel, Koriander oder anderen Samen, oder streuen Sie für das gewisse Etwas eine Prise oder zwei gemahlenen Zimt, Ingwer oder Nelken mit in die Kanne. Bei uns wird Kaffeepulver oder Tee eigentlich nie schlecht, aber falls Ihnen das passiert, geben Sie doch versuchsweise einige Gewürze mit in die Dose oder die Kanne, um interessante neue Geschmacksrichtungen zu kreieren.

Kardamom-Kaffee aus dem Nahen Osten

Kardamom hat eine ganz besondere grüne Farbe und einen leicht scharfen Geschmack – angenehm wärmend und deshalb perfekt, um damit Tee und Kaffee zu würzen. Sri Lanka und Indien handeln seit Jahrhunderten mit Kardamom, aber von allen östlichen Gewürzen kommt dieses in der westlichen Küche vermutlich am wenigsten zum Einsatz. Leuchtende Kardamomkapseln sind oft Teil der wunderbaren Gewürzmischungen, die uns Freunde von ihren Reisen mitbringen. Wenn Sie nicht häufig indisch kochen, können Sie sie ausgezeichnet als Beigabe zu heißen Getränken verwenden. Im Nahen Osten werden Kaffee und Kardamom zusammen aufgebrüht, aber man bekommt auch schon ein feines Aroma, wenn man dem Kaffeepulver zerstoßene Kapseln untermischt, ehe man heißes Wasser hinzufügt. Ich finde, der Kardamomgeschmack ist intensiver und schokoladiger, wenn man das Gewürz sparsam verwendet. Wenn Ihnen diese Kombination richtig gut schmeckt, können Sie einen Esslöffel zerstoßenen Kardamom in Ihre Kaffeepulverbüchse mischen.

Für 8 kleine Tassen

8 zerstoßene Kardamomkapseln

8 Schöpflöffel stark
gerösteter Kaffee (Pulver)

kochendes Wasser

Milch oder Sahne nach Belieben

Außerdem

Mörser und Stößel

Große Kaffeekanne oder Cafetière

Sieb, falls Sie eine Kanne verwenden

8 kleine Kaffeetassen

Die Kardamomkapseln im Mörser zerstoßen. Die Kapselhülle entfernen und die Samen leicht zerquetschen. Den Kaffee und die zerstoßenen Kardamomsamen in die vorgeheizte Kanne oder Cafetière geben. Mit kochendem Wasser aufgießen, abseihen und sofort in kleinen Kaffeetassen servieren.

Tipp: Diesen Kaffee serviert man am besten ohne Milch, aber wer mag, kann natürlich Milch oder Sahne dazugeben.

Kardamom-Tee aus Sri Lanka

Für eine Kanne für 4 Personen

4-8 Kardamomkapseln,
je nach Geschmack

4 gehäufte TL Teeblätter
aus Sri Lanka

kochendes Wasser

8 ganze zusätzliche Kardamomkapseln
zum Servieren

Außerdem

Mörser und Stößel

Sieb

Die Kardamomkapseln im Mörser zerstoßen. Die Kapselhülle entfernen und die Samen leicht zerquetschen. Den Tee und die zerstoßenen Kardamomsamen in die vorgewärmte Teekanne geben und mit dem kochenden Wasser überbrühen. 10 Minuten stehen lassen, dann gut umrühren. In jede Tasse ein oder zwei Kardamomkapseln geben, den heißen Tee durch ein Sieb hineingießen und sofort servieren.

Heiße Schokolade mit Mandarine und Muskat

Wenn es draußen so richtig kalt wird, dann gibt es nicht Schöneres als eine selbst gemachte heiße Schokolade, um einen aufzuwärmen und fröhlich zu stimmen. Meine Zutaten sind für eine Tasse berechnet, aber Sie können selbstverständlich auch gleich eine ganze Kanne kochen. Ich habe die „Tasse" aber mit Bedacht gewählt, denn es handelt sich hier um reichhaltiges himmlisches Manna, das in kleinen Portionen genossen werden sollte. Manchmal benutze ich auch Teeschalen. Ich habe Zartbitterschokolade verwendet, aber es funktioniert auch mit Vollmilchschokolade oder weißer Schokolade. Sie sollte jedoch immer von guter Qualität sein. Je höher der Kakaoanteil, desto herber ist der Schokoladentrunk, der dann gesüßt werden muss. Bei anderen Schokoladensorten ist vielleicht gar kein zusätzlicher Zucker mehr nötig.

Für eine kleine Tasse oder einen Becher, falls noch mit Milch aufgefüllt wird

20 g Zartbitterschokolade (70-90 Prozent Kakaoanteil)

1 Stück getrocknete Bio-Mandarinen- oder Bio-Orangenschale

100 ml kaltes Wasser

1-2 TL Puderzucker, je nach Geschmack und Schokoladensorte

Zum Servieren

1-2 TL Crème double oder Schlagsahne

Muskatnuss

als Trunk vor dem Schlafengehen: 100 ml Milch, nach Geschmack

Außerdem

Muskatreibe

kleiner Spieß oder Zahnstocher

Die Schokolade und die Mandarinen- oder Orangenschale in einen kleinen, antihaftbeschichteten Topf geben. Das Wasser hinzufügen und langsam auf niedriger Stufe zum Kochen bringen. Dabei umrühren, bis die Schokolade geschmolzen ist. Je nach Geschmack Zucker zugeben und 5–10 Minuten unter Rühren weiterköcheln, bis die Schokoladenmischung anfängt einzudicken.

Die Mandarinenschale herausnehmen und die Flüssigkeit in eine kleine Tasse oder Teeschale füllen. Die Sahne darauflöffeln, mithilfe eines kleinen Spießes oder Zahnstochers die beiden Flüssigkeiten marmorieren und mit einem Hauch gemahlener Muskatnuss bestäuben.

Als beruhigenden Trank vor dem Schlafengehen die Milch mit in den Topf geben. Sobald die Schokolade eingedickt und komplett erhitzt ist, in einen Becher füllen und mit ans Bett nehmen.

Variation: Statt der Zitrusschale und der Muskatnuss pro Tasse ein 1 cm langes Stück Vanilleschote und eine Prise Zimt oder Chili zugeben.

Johannisbeertee für Kinder

Aus selbstgemachtem Johannisbeergelee lässt sich an kalten Winterabenden rasch ein wärmendes Getränk für die ganze Familie zubereiten. Einfach heißes Wasser zugeben, gut umrühren, bis sich alles aufgelöst hat, und zum Schluss eine Prise Gewürze zugeben. Selbst gekochtes Gelee ist natürlich am besten, aber man kann selbstverständlich auch hochwertiges aus dem Laden verwenden.

Für 1 Tasse

1 großer TL (10 ml) Johannisbeer-gelee (siehe unten)

1 winzige Prise gemahlene Nelken, Zimt oder Muskatnuss, optional

kochendes Wasser

Außerdem

hitzebeständiges Teeglas

Löffel mit langem Stiel

Das Gelee zusammen mit dem Löffel ins Gas geben, nach Belieben eine Prise Gewürze hinzufügen und mit dem heißen Wasser aufgießen. Umrühren und genießen.

Selbstgemachtes Gelee

Ergibt ungefähr 500 g

1 kg schwarze, rote oder weiße Johannis- oder andere Beeren oder eine Mischung

Saft von 1 Zitrone

250 ml Wasser

225 g Zucker pro 300 ml Saft

Außerdem

Filterbeutel zum Abseihen (siehe Kasten, S. 21)

großer Marmeladenkochtopf

mit heißem Wasser und Spülmittel ausgespülte Marmeladengläser mit Deckel

Die Beeren zusammen mit dem Zitronensaft und dem Wasser in den Topf geben, langsam erhitzen, den Deckel auflegen und 10–15 Minuten köcheln lassen, bis das Obst weich ist.

In einen Filterbeutel füllen und über einer großen Schüssel über Nacht abtropfen lassen.

Den Saft abmessen, in einen sauberen großen Topf geben und die nötige Menge Zucker zugeben. Auf niedriger Temperatur erhitzen und rühren, bis sich der Zucker aufgelöst hat. Die Hitzezufuhr steigern und 5–10 Minuten kochen lassen, bis das Gelee anfängt zu stocken.

Um zu testen, ob das Gelee schon fest wird, den Topf vom Herd nehmen, einen TL von der Flüssigkeit abnehmen, auf einen Unterteller geben und 5 Minuten in den Kühlschrank stellen. Wenn das Gelee danach Falten schlägt, wenn man mit dem Finger darüber fährt, ist es fertig. Wenn nicht, den Topf noch mal auf den Herd stellen, weitere 5 Minuten kochen und erneut testen.

Zum Schluss mit einer Schaumkelle Schaum und andere Bestandteile von der Oberfläche abschöpfen, die Flüssigkeit in die warmen, trockenen Gläser füllen, verschließen und beschriften.

Glossar

Abschlauchen/Abziehen Das Umfüllen von Flüssigkeiten von einem Behälter in einen anderen mithilfe eines SCHLAUCH-SIPHONS.

Abstich/Abstechen Das ABSCHLAUCHEN/ABZIEHEN von Bier, Most oder Wein aus einem GÄRBEHÄLTER oder einer BALLONFLASCHE in FLASCHEN, Fässer oder eine frische Ballonflasche, wobei BODENSATZ zurückgelassen wird.

Aräometer (auch Mostwaage, Oechslewaage, Bierspindel) Wie ein Zuckerthermometer bestimmt das Aräometer das SPEZIFISCHE GEWICHT und daher den Zuckergehalt in Bier, Most und Wein vor und während des GÄRPROZESSES (siehe Hinweis, S. 112). Für den geübten Weinhersteller oder Brauer gibt es Tabellen, mit deren Hilfe man das Zucker-/Alkohol-Verhältnis leichter umrechnen kann.

Ascorbinsäure Eine Form von Vitamin C, wird oft TRAUBENMOST zugesetzt, um ihn zu stabilisieren.

Ballonflaschen aus Glas gibt es in verschiedenen Größen, die gebräuchlichste fasst 4,5 l. Es gibt auch Ballonflaschen aus Plastik (PET), aber ich verwende immer die aus Glas.

Biersorten Bier gibt es in ganz verschiedenen Farben, Stärken und Arten. Man unterscheidet dabei grob zwischen obergärigem Bier (Ale), bei dem die Hefe nach oben steigt, sobald ihre Aufgabe erledigt ist, und Lagerbier, bei dem die Hefe auf den Boden absinkt, sobald der GÄRPROZESS beendet ist. Siehe auch BITTER, IMPERIAL STOUT, PALE ALE, PORTER, STOUT.

Bitter Leicht gehopftes Bier mit goldgelb bis bernsteinbrauner Farbe. Die Stärke kann variieren.

Bodensatz Tote HEFEzellen und andere Feststoffe, die bei Wein oder Apfelmost nach dem ABSTICH übrigbleiben.

Campden-Tabletten Eine praktische Darreichungsform von Natriumsulfit, das verhindert, dass sich Schimmel und andere Bakterien im MOST vermehren. Anfangs gibt man eine Campden-Tablette auf 4,5 Liter Wein, 24 Stunden bevor die Reinzuchthefe hinzugefügt wird, und eine zweite Tablette nach dem Abstich und der Flaschenabfüllung, um sicherzugehen, dass der Gärprozess wirklich beendet ist.

Druckfass Ein Fass aus Metall oder Plastik, das dem Druck, der bei der NACHGÄRUNG eines neuen Bieres entsteht, standhält. Sobald das Bier fertig ist, kann es in ein Druckfass mit Zapfhahn abgefüllt werden, wodurch man sich die Flaschen erspart.

Flaschen Zur Bier- und Mostabfüllung eignen sich recycelte Bier- und Mostflaschen aus Glas am besten, da sie stabil genug sind, um den erheblichen Druck auszuhalten, der bei der NACHGÄRUNG während der Lagerung/Nachreifung entsteht. Man kann sie aber auch über den Versandhandel für Hobbybrauer beziehen. Ansonsten Plastikflaschen mit Schraubverschluss verwenden. Für Wein aber immer Glasflaschen mit Schraubverschluss, Bügelverschluss oder Korken für Stillweine verwenden: weißes, grünes oder braunes Glas für Weißwein, grünes oder braunes für Rotwein, weißes Glas für Rosé. Schaumweine können in Plastikflaschen mit Schraubverschluss oder in Sektflaschen mit Korken und Drahtgeflecht abgefüllt werden.

Gäreimer/Gärbehälter Tiefer Behälter aus lebensmittelechtem Plastik mit gut schließendem Deckel, an den ein GÄRVERSCHLUSS angebracht werden kann. Diese sind in Größen von 4,5 bis 22,5 l erhältlich. Ein 9 bis 13,5 l Behälter eignet sich am besten, außer man will sehr große Mengen produzieren. Falls der Deckel noch nicht mit einem Gärverschluss ausgestattet ist, bohren Sie ein Loch hinein und befestigen Sie den Verschluss mithilfe eines Dichtrings. Wenn Sie keinen Gärverschluss

verwenden, den Deckel nicht fest aufsetzen. Dem MOST oder der WÜRZE wird Hefe zugegeben, um den GÄRPROZESS in Gang zu setzen.

Gärung/Gärprozess In alkoholischen Getränken die chemische Reaktion, bei der HEFE den Zucker in MOST, Saft oder WÜRZE in Alkohol und Kohlendioxid aufspaltet. Siehe auch NACH-GÄRUNG.

Gärverschluss Ein Ventil aus Plastik oder Glas (siehe Foto 6, S. 107) durch das beim Gärprozess entstehende Gase durch Wasser oder Alkohol entweichen können, ohne Luft oder Bakterien in den Gärbehälter zu lassen. Im frühen Stadium, wenn die MAISCHE in den GÄRBEHÄLTER gefüllt wird, kann statt eines Gärverschlusses auch der Deckel leicht schräg aufgesetzt statt fest verschlossen werden.

Hefe Die Organismen, die Zucker in Alkohol verwandeln, sind für den Hobbybrauer in verschiedenen Formen erhältlich. Man kann entweder flüssige Brauhefe, spezielle Trockenhefe oder vorbereitete Hefen kaufen. Frische Hefe von der Brauerei vor Ort wird den Geschmack des Bieres verbessern. Für die Weinherstellung gibt es eine ganze Reihe von Hefen, die zur Art des jeweiligen Weines passen (siehe Kasten, S. 84).

Hefenahrung Eine spezielle Nährstoffmischung, die HEFE beim GÄRPROZESS unterstützt.

Hefestarter Um sicherzugehen, dass die HEFE arbeitet, wenn sie der WÜRZE oder dem MOST zugegeben wird, muss man manchmal einen Hefestarter ansetzen. Dazu werden Hefe, Wasser und Zucker in einer kleinen Flasche vermischt. Dann eine Stunde lang ruhen lassen, damit die Hefe anfängt, sich kräftig zu vermehren, bevor sie zur Flüssigkeit hinzugefügt wird.

Imperial Stout tiefschwarzes Bier mit starken Kaffee- und Schokoladennoten und in der Regel einem Alkoholgehalt von 8-10 %.

Nachgärung/Zweite Gärung Dieser Prozess sorgt dafür, dass Kohlensäure in Bier oder Most gebunden wird, die während der zweiten GÄRUNG entsteht, entweder in einem kleinen DRUCK-FASS oder einer FLASCHE. Sobald die Hauptgärung abgeschlossen ist und das Bier in eine Flasche oder ein Druckfass GESCHLAUCHT wurde, gibt man eine kleine Menge Zucker oder Zuckersirup hinzu (siehe Kasten S. 108), bevor die Flasche oder das Fass sorgfältig verschlossen wird. Bei Bier sollte die Flasche oder das Fass einige Tage unter warmen Bedingungen gelagert werden, um die Nachgärung in Gang zu setzen, und dann zwei Wochen zur Konditionierung an den kältesten Ort im Haus gebracht werden. Apfel- und Birnenmost können auf dieselbe Weise in der Flasche konditioniert werden.

Natriumdisulfit Siehe CAMPDEN-TABLETTEN.

Maische Das Gemisch aus geschrotetem gemälztem oder ungemälztem Getreideschrot (beim Bierbrauen), aus TRAUBENMOST, Beerenschalen und Traubenkernen (bei der Weinherstellung) oder aus zerkleinertem Obst und ausfließendem Saft (bei der Herstellung von Obstweinen und -bränden).

Oxidation Die Reaktion mit Luft, die Verfärbungen und andere Fehler in Wein und Apfel- sowie Birnenmost zur Folge hat.

Pale Ale Vollmundiges, süßliches Ale, das aus hellem Malz und stärker geröstetem Gerstenmalz mit unterschiedlichen Mengen an Hopfen hergestellt wird.

Pektinase Enzyme, die das Pektin in Traubenmost aufspalten, das in manchen Weinen zu TRÜBUNG führen kann.

Porter Eine leichtere Variante des Stout.

Restzucker siehe SPEZIFISCHES GEWICHT.

Schlauchsiphon Gummischlauch, mit dem Wein, Bier oder Most von einem Behältnis in ein anderes umgefüllt wird. Siehe ABSCHLAUCHEN/ABZIEHEN.

Spezifisches Gewicht Verhältnis der Gewichte von der Volumenmasse von WÜRZE, MOST oder Saft verglichen mit der Volumenmasse von Wasser unter bestimmten Druck- und Temperaturverhältnissen. Dieser Wert gibt Hinweise darauf, wie viel Zucker zur GÄRUNG zu Verfügung steht, während der Restzuckergehalt die Menge des nach der Gärung verbliebenen Zuckers angibt. Der Unterschied zwischen beiden beschreibt die Volumenprozent (% Vol. Alkohol) Ihres Getränks (siehe ARÄOMETER).

Sterilisation Siehe Kasten, S. 13.

Stout Dunkles, sehr bitteres Bier, das aus hellem Malz und stark geröstetem Gerstenmalz hergestellt wird, das ihm die entsprechende Bitternote verleiht. Gibt es sowohl herb als auch süffig.

Sulfit/Metasulfit Kann der WÜRZE oder dem MOST zur STERILISATION der Flüssigkeit zugegeben werden. Siehe CAMPDEN-TABLETTEN.

Tannine (Gerbstoffe) Aggressive Stoffe aus Schale, Kernen und Stielen von Trauben oder anderen Früchten, die Wein oder Most Körper und Abgang verleihen.

Tontopf Wird traditionell oft bei der Weinherstellung verwendet oder um Brot oder hefehaltige Getränke aufzubewahren.

Traubenmost Traubensaft oder andere zuckerhaltige Lösung, die durch GÄRUNG zu Wein werden soll.

Trübung Tritt natürlicherweise in Most, Wein oder Bier auf. Entsteht durch HEFEN und andere schwebende Feststoffe. Mit der Zeit „klärt" sich das oft von alleine.

Weinsäure (Weinstein) Kommt natürlicherweise in Trauben vor und spielt eine wichtige Rolle dabei, die chemische Balance des Weins zu erhalten, und beeinflusst seinen Geschmack.

Würze Die malzige, sehr zuckerhaltige Flüssigkeit, die durch GÄRUNG zu Bier wird.

Zitronensäure In Zitrusfrüchten enthalten, hilft beim Bierbrauen bei der GÄRUNG.

Zweite Gärung siehe NACHGÄRUNG

Stichwortverzeichnis

Literaturverzeichnis

Artusi, Pellegrino. *La Scienza in Cucina e l'Arte di Mangiare Bene.* Turin: Giulio Einaudi, 1970.

Artusi, Pellegrino. *Von der Wissenschaft des Kochens und der Kunst des Genießens.* Frankfurt a.M./Wien: Büchergilde Gutenberg, 2000.

Beeton, Isabella. *Mrs Beeton's Family Cookery,* New Edition. London: Ward, Lock & Co. Limited, ca. 1930.

Bullock, Helen. *The Williamsburg Art of Cookery or Accomplished Gentlewoman's Companion.* Williamsburg: Colonial Williamsburg Foundation, 1966.

Della Salda, Anna Gosetti. *Le Ricette Regionali Italiane.* Mailand: La Cucina Italiana, 1977.

Farmer, Fannie Merritt. *The Boston Cooking-School Cook Book.* Boston: Little, Brown, and Company, 1923.

Pradelli, Alessandro Molinari. *Il Grande Libro Della Cucina Veneta.* Rom: Newton and Compton Editori, 2000.

Smith, Eliza. *The Compleat Housewife.* Kings Langley, UK: Arlon House Publishing, 1983.

Tayleur, WHT. *The Penguin Book of Home Brewing and Wine-making.* Middlesex: Penguin, 1982.

Turner, BCA. *Home Wine Making and Brewing.* London: Wolfe Publishing, 1973.

Wheeler, Graham. *Brew Your Own British Real Ale.* St Albans: CAMRA Books, 2009.

Wiesmüller, Maria. *Naturheilschnäpse: Magenbitter und Liköre.* Innsbruck: Kompass, 1996.

Wildsmith, Lindy. *Preserves, Jams, Pickles and Liqueurs.* London: Ryland, Peters & Small, 2004.

Danksagung

Ein Autor allein ist nicht genug.
Ich möchte mich deshalb ganz herzlich bei den folgenden Personen für ihre Hilfe bedanken:

Tom Oliver: ein unvergleichlicher Cider- und Perry-Erzeuger
Peter Mitchell: Apfelmostlehrer und -erzeuger
Martin Soble: Biobauer, Apfelmost- und -saftproduzent
Brian Fowler: meisterhafter Amateurwinzer
Jim und Jean Haines: meisterhafte Amateurwinzer
Lewis Scott: Cleeve Orchard Cider and Perry
Guillaume und Christian Drouin: bekannte Produzenten von Calvados, Pommeau und Cidre in der Normandie
Lucile und Stephane Grandval: stellen in der Normandie köstlichen Pommeau und Cidre her
Fremdenverkehrszentrale Normandie
Steve Wood: Poverty Lane Cider, USA
Greg Hall: Virtue Cider, USA
David White: Whitewood Cider Co, USA
Wayne Sosna: Parkers, Ross-on-Wye
Graham Sutton: entwickelt bei Muntons (Hobbybrauerbedarf) neue Produkttechnologien
Chris Gooch: Theme-Valley-Brauerei
Steve Evans: Rhymney-Brauerei
Wye-Valley-Brauerei
Vigo Ltd

Ohne ein motiviertes und kreatives Team wäre dieses Buch so nie zustande gekommen. Ein großes Dankeschön an meine Lektorinnen Susanna Formes und Hilary Lumsden, die mich immer bei der Stange gehalten haben; an Cynthia Inions, die uns so tolle Requisiten zur Verfügung gestellt hat; an den Fotografen Kevin Summers für seinen Humor und seine Kunst, meine Vorstellung in so viele wunderschöne Bilder zu verwandeln; an Art Director Maggy Town, die alles zauberhaft in einem Buch vereint hat; an Lydia Halliday für die Umsetzung, und an Verlegerin Jacqui Small, ohne die nichts davon möglich gewesen wäre.

Zu guter Letzt gilt mein Dank meinem Mann John, unserer Familie und unseren Freunden, die währenddessen wie immer ziemlich leiden mussten.

Tipps zur Mengenberechnung

Volumen	Gewicht
1 TL = 5 ml	1 TL = 5 g
1 gr. TL = 10 ml	1 EL = 15 g
1 EL = 15 ml